내 마음에 긍정한 스푼

A Year of Positive Thinking

내 마음에 긍정 한 스푼

하루하루 켜켜이 쌓아가는 지혜와 기쁨, 용기와 감사

신디 스피겔 지음
우미정 옮김

마인드빌딩

어머니께.

강인함과 정직한 마음,

조건 없는 사랑을 가르쳐주셔서 감사해요.

어머니 덕분에 지금의 제가 될 수 있었어요.

오빠들에게.

오빠들은 존귀하고 소중한 존재들이야.

내게 진정한 힘을 알려줘서 고마워.

그리고 당연히, 아이라에게도.

네가 없었다면 이 책에 적을 말을 찾지 못했을 거야.

사랑해.

차례

당신의 삶을 바꾸는 가장 간단하고도 강력한 마법

저는 사실, '긍정적 사고'에 대한 책을 쓸 만한 사람은 아닙니다. 지독한 현실주의자에 가깝고, 어릴 때부터 세상을 장밋빛으로 바라보면서 자라지도 않았거든요.

어머니는 강인하면서도 마음이 넉넉하고 자식에 대한 사랑이 넘치는 분이었죠. 스무 살이 되던 해 첫째를 낳았고, 이후에도 네 아이를 대부분 혼자서 키웠습니다. 아버지는 너그러운 분이었지만 술을 너무 좋아하는 게 단점인 육체노동자였는데, 여기저기를 떠돌다가 제가 여덟 살이 돼서야 집으로 돌아왔습니다.

우리가 살던 곳은 지역사회의 도움을 기대하기 어려운, 몹시 가난한 동네였습니다. 저와 세 명의 오빠들은 그 동네에서도 문제아였죠. 우리가 거칠게 배운 삶의 교훈은, 세상이 절대 공평하지 않다는 걸 늘 느끼게 해줬습니다. 하지만 원래, 인생이란 게 그렇죠. 우리는 이미 주어진 카드만으로 그 인생을 헤쳐나가야 할 뿐입니다. 이미 엎질러진 우유 앞에서 울어봤자 아무 소용이 없죠. 그게 진리고요.

성인이 된 후에는 또 다른 진리이자 가치 있는 교훈들도 배웠습니다. 세상이 풍요와 결핍, 친절함과 잔인함, 희망과 절망 등 두 가지의 상반된 요소로 구성돼 있다는 사실이었죠. 저는 우리 삶이 오렌지 과육과 속껍질 맛이라는 걸 알게 됐습니다. 쓴맛과 단맛이 공존하듯, 어느 한쪽을 전혀 경험하지 않고 반대쪽만 겪으며 살 수는 없는 거죠.

이런 교훈도 얻었어요. 어둠 속에서도 빛을 찾아볼 수 있을 때, 세상이 비로소 활짝 열리고 가슴 뛰는 가능성을 만들어낼 수 있다는 점 말이죠. 그리고 이런 관점을 갖는 건 자신의 선택에 달려 있고, 부정을 넘어 긍정을 선택하기 위해서는 강단과 용기가 필요하다는 걸 알게 됐습니다. 제가 요가, 명상, 불교, 힌두교 등 사람들의 사고방식이 어떻게 바뀌는지 탐구하는 분야들을 공부할 때였죠. 그중에서도 저는 긍정심리학에 깊이 빠져들었습니다.

긍정심리학은 제게 긍정적이고 품위 있고 풍요로운 사고방식을 갖게 해주었고, 그런 일상을 보낼 수 있게 도와줬습니다. 또 근성과 끈기, 그리고 제가 어린 시절부터 길러온, 상처를 극복하고 성장할 수 있는 힘을 강화해주었죠. 이런 기본 토양 덕분에 저는 30대 중반의 나이에 커리어를 전환하는 중대한 결정을 내릴 수 있었고, 이후 여러 비즈니스를 성공적으로 운영해왔습니다. 이제 긍정심리학은 제가 일상의 삶에서 실천하는 핵심이며, 비즈니스 전략 코치이자 자기계발 강연자로서 사람들에게 가르치는 대상이죠. 제가 늘 긍정적인 사고를 할 수 있는 토대이기도 합니다.

이제 당신이 이 책을 읽기 시작해야 하는 가장 중요한 이유를 말하겠습니다. 계속해서 생각을 변화시키면, 실제 당신의 뇌가 변화합니다. 출신, 피부색, 사회적·경제적 배경, 종교 등에 상관없이, 누구에게나 자신의 생각을 바꿀 수 있는 능력이 있죠. 그건 곧, 누구나 자신의 뇌를 바꿀 수 있다는 얘기이기도 한 겁니다.

생각이 정확히 어떻게 뇌를 재구성하냐고요? 뇌는 새로운 신경 연결을 형성함으로써 평생 스스로 재구성할 수 있는 능력을 갖추고 있습니다. 이것이 바로 '신경가소성neuroplasticity'의 힘이지요. 새로운 생각은 새로운 신경 회로를 만들고, 그 생각을 반복하면 이미 존재하는 신경 회로가 더욱 강화되므로, 생각이 곧 뇌의 구조와 기능을 바꿀 수 있는 겁니다. 긍정적 사고라는 심리 활동을 반복할 때 우리 뇌가 더욱 긍정적으로 탈바꿈하게 되는 비결이 여기에 있습니다.

하지만 긍정적인 면에 '집중'하는 건 힘든 일입니다. 우리 뇌가 기본적으로 '부정 편향성'을 갖고 있기 때문이죠. 신경학적으로 보면, 우리 뇌는 잘 진행되고 있는 것보다는 잘못되고 있는 부분을 찾게끔 설계돼 있습니다. 그렇기에 긍정적인 경험보다 부정적인 경험이 훨씬 더 거대하게 느껴지는 것입니다.

저명한 긍정심리학자이자 《긍정의 발견》의 저자인 바버라 프레드릭슨 박사는 "하나의 부정적 생각을 이겨내기 위해서는 적어도 세 가지의 긍정적 생각이 필요하다"고 말합니다.

양팔저울을 생각해봅시다. 가로대가 있고 양팔에 무게를 재는 접시가 달려 있는 저울 말이에요. 한쪽 접시에는 깃털을, 다른 쪽 접시에는 조약돌을 올린다고 칩시다. 깃털은 긍정적인 생각, 조약돌은 부정적인 생각이라고 한다면, 저울을 깃털이 있는 쪽으로 기울게 하려면 조약돌 하나에 깃털이 무수히 많이 필요하지 않을까요? 우리 뇌에 영향을 주는 부정적 생각에 맞서려면 엄청난 양의 긍정적 생각이 필요하다는 겁니다.

따라서 의식적으로 긍정적인 생각에 집중하기로 결심한다는 건, 마음을 바꾸는 일종의 강력한 마법을 부리는 셈입니다. 그리고 생각하는 방식을 바꾼다는 건 당신의 행동과 세상 속 자신의 존재를 변화시킨다는 의미지요.

이 책에는 당신이 빠르고 쉽게 긍정적 사고와 긍정심리학의 힘을 경험할 수 있도록 도와줄 지혜와 용기, 영감에 대한 글들이 모여 있습니다. 매일 한 장씩 가볍게 넘겨보세요. 부정적인 경험에 집착하던 생각이 어느새 희망, 격려, 용기, 회복력, 그리고 가능성을 포용하는 사고방식으로 조금씩 바뀌어나갈 겁니다.

저는 당신이 이 책을 한 장 한 장 넘길 때마다 당신의 삶이 긍정과 기쁨, 용기로 가득 차게 되길 바랍니다. 설사 그런 수준까지 이르지 못하더라도, 당신이 다시 용서와 사랑의 관점에서 세상을 바라볼 수 있도록 이 책이 위로가 되어준다면 좋겠습니다.

이 책에서 거칠고 미친 듯한 세상 속에서도 당신이 스스로를 치유하고, 살아나가고, 사랑하고, 버텨내고, 자신이 바라는 존재가 되도록 용기를 얻는 말들을 발견하길 바랍니다. 책장을 넘길 때마다 자신의 인간적인 면모를 세상이 알아보고 있으며, 자신이 널리 이해받고 있다는 점을 느끼기 바랍니다. 그리고 그 이유가 당신의 강인한 겉모습 때문만이 아니라, 당신의 단점 속에서 자라나고 있는 강점 덕분이라는 사실도요.

자, 이제 최고의 삶을 살 준비가 되었다면, 우리 한번 시작해볼까요?

A Year of Positive Thinking

1월

JANUARY

1

당신이 있어야 할 곳

당신은 정확히 있어야 할 곳에 있습니다.

그곳은 흥미로운 곳일 수도, 지루하거나 무서운 곳일 수도 있어요.

혹은 당신의 가슴을 아프게 하는 곳일지도 모르죠.

하지만 어떤 곳이든, 그 자리에 있어요.

어떻게든 그곳에서 빠져나오려 애쓰지 말고, 그저 그 자리에 머물러 있어요.

대신 마음을 내려놓고, 경험하고, 지금을 즐기세요.

당신은 있어야 할 바로 그곳에 있으니까요.

2

긴쓰쿠로이가 주는 지혜

'긴쓰쿠로이'는 일본의 도자기 공예 기법입니다. '금으로 수선한다'는 의미가 담겨 있죠. 긴쓰쿠로이 장인은 도자기가 깨지면 금이나 금가루 래커를 이용해 깨진 조각들을 다시 이어붙입니다. 그러면 깨진 부분이 가려지는 게 아니라 오히려 더 선명하게 드러나지만, 새로운 예술로 재탄생하게 되는 겁니다.

긴쓰쿠로이는 결점과 불완전함을 있는 그대로 받아들입니다. 여기에 회복의 본질이 있죠. 설령 금이 간 부분이 있더라도 그것은 그 도자기가 거쳐온 역사의 한 부분이며, 깨졌기 때문에 더욱 아름답게 새로 태어날 수 있는 겁니다.

당신도 넘어질 겁니다.
실패할 겁니다.
깨질 겁니다.
하지만 다시 일어나 먼지를 털어낼 겁니다.
깨진 부분을 계속해서 수선할 겁니다.
그리고 비록 이전과는 다른 모습이더라도, 더욱 완전해질 겁니다.
이 모든 과정을 거친 후, 전보다 더욱 아름다워질 겁니다.
'불완전하지만 괜찮은 나'가 아니라, '불완전한 덕분에 더 나은 나'가 될 거예요.

3

행복의 주도권

"다른 사람들이 당신을
행복하게 해줄 때까지 기다리지 말라.
행복은 스스로 만드는 것이다."

— 앨리스 워커

4

영원한 건 없어요

당신의 모든 경험은, 시간이 지나면 사라질 '순간들'일 뿐입니다. 힘겨운 몸부림, 처절한 생각과 고민, 황홀한 춤사위와 함께하는 모든 시간도 결국엔 지나갈 거예요.

그 무엇도, 어떤 순간도 이 진리를 피해갈 순 없습니다. 좋든 나쁘든, 빛이든 어둠이든, 정의의 시간이든 불의의 시간이든, 모든 순간에 적용되지요. 그러니 '지금 이 시간 또한 결국엔 지나가리라' 생각하는 순간, 인생의 품위와 지혜가 찾아올 겁니다.

5

나를 비출 햇살은 나만이 만들 수 있어요

행복하길 원한다면, 직접 행복을 선택하세요. 누군가 줄 때까지 기다리지 말고, 당신이 원하는 삶을 살아요. 그게 전부입니다. 당신이 어떤 사람인지 아주 세세한 부분까지 이해하려고 해보세요. 당신 주변의 경이로움을 찾아내 봐요.

비가 그친 다음엔 무지개를 찾아다녀요. 비 때문에 기분이 가라앉았다면 당신이 직접 햇살을 만들어봐요. 당신에게 내리쬘 햇살은, 오직 당신만이 만들 수 있으니까요.

6

생각에 너무 큰 힘을 주지 말아요

당신의 생각은 자유롭고 유연합니다. 그러니 어떤 선택을 할 때마다 그 생각에 너무 큰 권한을 주지 말아요. 부정적인 생각도, 긍정적인 생각도 당신이 하는 겁니다. 당신이 좋아하는 생각이라면 그 생각과 일치되게 행동하고, 좋아하지 않는 생각과는 다르게 행동함으로써 생각을 길들일 수 있습니다. 물론 훈련이 필요하지만, 시간을 들일 만한 가치가 충분하죠.

우리 머릿속에 떠오르는 생각의 가짓수가 하루에만 5만~7만 개나 된다는 점을 고려하면, 생각에 당신의 삶을 지배할 수 있는 과도한 힘을 주지 않는 게 좋습니다.

7

기쁨을 훔치는 도둑

다른 사람에게 거는 기대를 조심하세요. 아니, 그보다 자기 자신에게 거는 기대를 가장 주의하세요.

기대는 미지의 경이로움과 마법을 빼앗아버리니까요.

8

당신의 삶에 책임을 져요

이 진리는 힘이 되기도, 두려움을 주기도 합니다. 당신에게 도움 되지 않는 비난, 오해, 변명을 의식적으로 흘려보내야 한다는 뜻이니까요. 당신이 저지른 잘못을 정당화해주지는 않지만, 당신을 불행하게 만드는 요인을 변화시킬 힘을 가져다줍니다.

지금까지 어떤 길을 걸어왔든지, 현재 자신의 위치에 대한 책임을 받아들이세요. 앞으로 당신의 이야기를 어떻게 펼쳐나가느냐에 따라 그 위치도 변하게 될 겁니다.

9

예정된 실수

당신은 실수할 거예요. 사람이니까요. 단, 그 실수로부터 무엇을 배우는지는 오로지 자신에게 달려 있습니다. 일을 망칠 때도 있을 테고, 때로는 자존심이 무너지는 아픔을 느끼게 될 거예요. 하지만 모든 일에 대한 정답을 다 알 필요는 없어요. 당신이 정말 알아야 할 필요가 있는 순간, 당신은 답을 얻게 될 겁니다.

품위와 겸손을 잃지 말고 계속 나아가세요. 다른 사람의 의견에 마음을 열고, 자신의 실수로부터 배우면서요.

10

'믿음'의 진정한 의미

believe (믿다 / 동사)

1. 어떤 것을 사실로 받아들이다.

2. 진실이라고 확신하다.

당신은 자신과 타인에 대한 믿음에 어울리는 경험을 무의식적으로 만들어냅니다. 자신에게 이렇게 물어보세요. "나 자신과 내 삶에 대해 나는 무엇을 믿고 있을까? 내 믿음은 내가 원하는 모습이 되는 일에 정말 도움이 될까?"

당신이 진실이라고 믿는 생각을 잘 살펴봐야 합니다. 좋은 쪽이든 나쁜 쪽이든, 당신은 자신이 믿는 모습으로 변하게 될 테니까요.

11

함께해야 할 사람들

당신이 자신을 대변할 수 없을 때 당신을 대변해주고, 당신이 자신을 믿고 싶지 않을 때 당신을 믿어주며, 스스로 아직 갈 길이 멀다고 느낄 때도 당신의 솜씨를 존중해주는 사람들과 함께 시간을 보내세요.

그들은 당신을 있는 그대로 바라봐줍니다. 그들을 신뢰하고, 그들에게 사랑을 보여주고, 그 관계를 소중히 여기세요.

12

친절을 받아들여요

누군가가 당신에게 친절한 말을 건넨다면, 그 말을 믿는 쪽을 택하세요.

13

기대한 대로 얻게 될 거예요

제 선생님 중 한 분이 '관점'에 관해 들려주신 일화입니다. 이 이야기를 통해 저는 제 생각에 더욱 주의하게 됐어요.

한 여자가 어느 마을의 출입문을 지키는 문지기에게 걸어가 물었습니다.

"이 마을에는 어떤 사람들이 사나요?"

문지기는 이렇게 되물었습니다. "당신이 살던 마을의 사람들은 어땠나요?"

"음, 야비하고, 무례하고, 형편없고, 근시안적이죠." 그녀는 대답했습니다.

"이 마을에서도 당신은 그런 사람들을 만나게 될 겁니다." 문지기가 말했죠.

몇 분 후에 다른 여자가 문지기에게 다가와 질문했습니다.

"이 마을에는 어떤 사람들이 사나요?"

문지기는 역시 물었습니다. "당신이 살던 마을의 사람들은 어땠나요?"

"친절하고, 다정하며, 진실하고, 선한 사람들이죠." 그녀는 대답했습니다.

"이 마을에서도 당신은 그런 사람들을 만나게 될 겁니다."

그렇습니다.

우리는 대부분, 우리가 예상한 바를 정확히 마주하게 됩니다.

14

반드시 더 좋아질 거예요

온 세상이 당신의 적처럼 느껴지는 순간을 경험할 때가 있을 겁니다. 제대로 되는 건 아무것도 없고, 모든 게 다 잘못돼가는 듯한 순간 말이죠.

즉각적인 해결이나 개선을 기대할 수 없는 상황도 있습니다. 이럴 때면 모든 것이 괜찮지 않게 느껴질 겁니다. 그러면 그냥 가만히 앉아서, 이 진리를 마음속에 되새기세요.

이럴 때는 자신이 울고, 소리 지르고, 화를 내더라도 그냥 용납하세요. 당신이 느끼는 감정 그대로 받아들이는 겁니다. 그리고 상황을 인정하는 거죠.

언제, 어떻게 그 순간이 찾아올지 단정할 수는 없지만, 시간의 흐름과 순응, 치유를 통해 당신은 위안을 얻게 될 겁니다.

반드시 더 좋아집니다. 이걸 기억하세요.

15

당당히 등장하고 말하세요

당신이 자랑스러워하는 방식으로 세상에 자신을 보여주세요.

나중에 당신에게 되돌아오더라도 부끄럽지 않을 이야기를 당당하게 말하세요.

16

다시 시작할 수 있어요

너무 멀리까지 와버리는 바람에 마음은 산산이 부서지고, 되돌아갈 길은 보이지 않는 때가 찾아올 겁니다.

이런 순간을 마주한다면, 가만히 앉아 느껴지는 감정을 용기 있게 그대로 느끼세요. 그 감정을 온전히 받아들인 뒤, 떠나보내요. 가능하면 가장 우아한 태도로 말이죠.

품격이란, 당신이 언제든 다시 상처받을 수 있다는 점, 그리고 강인함으로 다시 회복되리라는 점을 확실히 이해할 때 찾아오는 겁니다. 이 과정을 통해 당신이 더욱 아름다워지리라는 점도요.

갈라진 틈이 있어야 우리의 빛이 뿜어져 나갈 수 있습니다.

당신은 다시 시작하게 될 거예요.

17

아니라고 말해도 괜찮아요

"아니요."

"싫어요."

"지금은 안 돼요."

"그런 일은 없을 거예요."

"불가능해요."

당신이 "아니요"라고 말하고 싶은 일에 대해 "네"라고 답하는 걸 멈추기 좋은 순간은, 바로 지금입니다.

만약 "아니요"라고 말해도 된다는 허락을 기다리고 있었다면, 지금 허락할게요. 당신이 선택한 일에 대해서는 "네"라고 말하고, 선택하지 않은 일에 대해서는 "아니요"라고 말하세요.

18

스스로 빛을 내는 사람

당신의 인생을 빛나게 할 수 있는 사람은 당신입니다. 대신 그렇게 해줄 사람을 기다리지 말아요.

19

인생의 깜짝 선물

삶은 가장 멋진 방법으로 당신을 깜짝 놀라게 할 거예요. 그 깜짝 선물을 허락하세요.

경이로움과 관대함, 그리고 기대하지 않았던 미소를 늘 기대하고 있으세요. 그리고 그 순간이 찾아왔을 때 우아하게 받아들여요.

20

자신의 가치를 선택하세요

당신은 생각보다도 훨씬 더 가치 있는 존재입니다. 하지만 결국 그 가치를 현실화할 수 있는 사람은 오직 당신뿐이죠.

21

용서하는 능력

"우리는 반드시 용서하는 능력을
더 개발하고 보존해야 합니다.
용서하는 능력이 없는 사람에게는
사랑할 능력도 없습니다.
우리 중 가장 악한 사람에게도 선함이 있고,
우리 중 가장 선한 사람에게도
악함이 존재합니다.
이 점을 깨달을 때 우리의 적에 대해서도
증오하는 마음이 줄어들 겁니다."

— 마틴 루서 킹 주니어

22

행복은 가까운 곳에 있어요

행복은 뜨거운 태양 아래서 즐기는 해변의 일광욕에 있지 않습니다. 칵테일 잔이나 타인의 인정 속에 있지도 않죠. 행복은 당신이 따라다니며 찾을 수 있는 것이 아닙니다.

바로 지금 여기서 행복을 찾을 수 있습니다. 지금 있는 자리에서, 매일 당신이 내리는 결정 속에서 말이에요.

자신을 잘 돌보세요. 기쁨이 느껴지는 일을 하세요. 당신이 믿는 삶을 살아요. 함께하면 행복한 사람들과 시간을 보내요. 친절을 베풀어요. 행복은 이런 경험들을 통해 얻어지는 효과입니다. 멀리서 찾을 수 있는 게 아녜요.

23

매일 떠올려야 할 말들

친절을 베푸세요. 자주요.

삶은 늘 쉽진 않아요. 그리고 다른 사람들이 뭘 경험하는지 당신은 알지 못하죠.

당신의 진리는 당신만의 것이에요. 다른 사람들에게도 역시 그들만의 진리가 있음을 인정하세요.

사람들을 신뢰하세요.

당신이 볼 수 없는 것을 믿으세요.

세상은 원래 아름다운 곳이라는 걸 이해하세요.

지금의 당신은 원래 예정됐던 그 모습이라는 걸 믿으세요.

자신이 걷는 길에 믿음을 가져요.

좋은 일이 생기게 만드는 힘이 되어줘요.

무엇보다, 모든 신성한 것들을 사랑하는 마음으로, 친절을 베푸세요.

24

세상을 보는 대로 살게 될 거예요

인생의 끔찍하고 불완전한 면에만 신경 쓰며 사는 길도 있습니다. 최악의 결과만을 예상하고 다른 사람들은 늘 당신을 실망시킬 거라고 여기며 사는 길도 있죠.

아니면 올바름, 아름다움, 신성함, 심오함의 경이로움 속에서 사는 길도 있습니다. 당신이 간절히 바라는 멋진 삶과 어울리는 것들에 집중하며 사는 길도 있죠. 사람들이 최고의 방식으로 당신에게 놀라움과 즐거움을 주는 삶을 기대할 수도 있습니다.

당신이 집중하는 대로 당신의 삶이 이뤄질 겁니다. 그러니 현명히 선택하세요.

25

진정한 공감

자신 이외의 다른 사람들의 어려움에 마음을 넓게 열어보세요. 세상 속 모든 감정들을 직접 경험하면서 당신은 공감하는 마음을 갖게 됩니다. 이 공감은 당신의 마음을 산산이 부서트려 다시 일어설 수 없게 만드는 그런 감정이 아닙니다. 그건 공감이 아니라 공감을 가장한 동정, 연민, 수치, 두려움이죠. 진정한 공감은 다른 사람의 진심을 받아들이게 만들어, 세상을 더 친절하고 부드러운 곳으로 만들어줍니다.

이런 공감을 통해 당신은 가장 참된 모습의 우아함을 발견하게 될 거예요.

26

카르마에 대한 진리

"사람들이 당신을 대하는 태도는 그들의 카르마karma(업보)가 되고,
그에 대한 당신의 반응은 당신의 카르마가 된다."

— 웨인 W. 다이어

27

스스로 선택한 삶을 즐기세요

다른 사람들의 생각을 신경 쓰지 않는다면, 당신이 지금과 다르게 하고 싶은 일은 무엇인가요?

목록을 적어보세요. 가장 가슴 뛰는 일부터 순서대로요.

그다음엔 그 목록에 적힌 모든 일을 실천해보세요. 당신이 직접 선택한 삶을 의식적으로 즐겨봐요.

28

한 번뿐인 인생

지금 한 번의 인생이 당신의 전부입니다. 그러니 억누르고 포기하는 삶이 아니라, 열린 마음과 호기심으로 가득한 삶을 살아요.

용감해지세요. 창의성이 이끄는 대로 따르세요. 누구도 당신을 지켜보지 않는 듯 살아요. 춤추고, 놀고, 크게 노래 불러요. 꿈이 이뤄지는 마법을 만들어봐요.

29

사과하는 것과 용서를 구하는 것의 차이

"미안해"라는 말로 당신의 잘못이 사라지지는 않습니다. 그리고 용서를 받았다고 해서 당신이 준 상처가 없어지지도 않지요.

사과한다는 것은, 그저 당신의 잘못에 대해 미안하게 여긴다는 의미일 뿐입니다. 하지만 용서를 구한다는 것은, 당신이 자존심보다 상대와의 관계를 더욱 중요시한다는 점과 당신의 잘못으로 인해 잃게 된 존중을 회복하고자 한다는 점을 보여주는 것이죠.

자신의 잘못을 인정하는 건 물론 대단한 일입니다. 그러나 용서를 구한다는 건 당신이 용기를 내어 가장 큰 힘을 발휘하고 있다는 뜻입니다.

30

그날의 일은 그날로 끝내세요

"매일 하루를 마치면
그것으로 그 하루는 끝이다.
당신은 할 수 있는 일을 한 것이다.
약간의 실수와 불합리한 처분도
분명 있었을 테지만,
가능한 한 빨리 잊어버려라.
내일은 새로운 날.
차분한 마음으로 시작해야 한다.
지나간 실수와 잘못에 방해받지 않고
활기차게."

— 랠프 왈도 에머슨

31

감사하는 연습

감사는 당신이 경험하는 삶의 모습을 결정합니다.

모든 것이 계획대로 흘러갈 때 감사하는 마음을 갖는 건 쉽죠. 하지만 일이 잘 풀리지 않을 때도 감사할 수 있다면, 감사함이 안겨주는 가장 깊이 있는 영향력을 느끼게 될 겁니다. 감사를 표현한다고 고통이나 슬픔이 사라지지는 않아요. 하지만 감사함을 표현할 때 당신은 스스로 통제할 수 있는 것들에 집중할 수 있습니다.

감사함을 느끼는 데는 연습이 필요합니다. 다른 모든 연습과 마찬가지로 감사하는 연습도 열심히 계속한다면 당신의 감사는 더욱더 깊어지고 풍부해질 겁니다. 매일 진심으로 감사함을 연습할 때 당신은 더 행복하고 더 공감하는 삶을 살게 될 겁니다.

지금 당신은 무엇에 고마움을 느끼나요? 오늘 당신이 겪었던 긍정적인 경험 세 가지를 적어보세요. 앞으로 열흘 동안, 매일 밤 간단하게 감사 목록 적기에 도전해보세요. 그리고 열흘 후, 가까운 친구 세 사람에게 그 목록을 공유하고, 이 연습이 당신의 삶에 어떤 영향을 끼쳤는지 살펴보세요.

A Year of Positive Thinking

2월

FEBRUARY

1

당신이 기다리는 건 바로 당신이에요

사랑은 당신에게서 시작됩니다.

설령 일부가 손상됐다고 해도, 지금의 당신만큼 당신을 더 완전하게 만들어줄 사람은 없습니다. 다른 누군가가 완벽해지길 기대하기 어렵듯, 당신도 완벽한 사람이 되기를 기대하긴 힘들죠. 만약 당신이 누군가의 사랑을 얻고자 한다면, 당신 자신조차 줄 수 없는 사랑을 타인에게 요구한다는 것도 사실상 불가능한 일인 겁니다.

당신이 기다려온 사람은 바로 당신입니다. 당신이 바라는 사랑은 당신에게서 시작되니까요. 늘 그랬어요.

당신은 어떻게 자신을 사랑할 건가요? 혹시 당신의 어느 한 부분이 유독 당신의 사랑을 간절히 원하고 있지는 않나요? 자신과의 사랑을 유지하기 위해, 반복되는 일상 속에서 할 수 있는 일에는 무엇이 있을까요?

2

더 좋은 인생을 사는 법

당신이 믿는 대로 실천하세요. 자신의 직관을 믿어요.

매일 다른 사람들을 친절하게 대하세요.

일주일에 한 번은 혼자 춤춰요.

찾아오는 감정대로 느끼고 울어요.

너무 웃어서 배가 아플 정도로 자주 웃어요.

자신만 이해할 수 있는 엉뚱한 일을 하세요.

자신을 있는 그대로 사랑하세요.

다른 사람을 있는 그대로 사랑하세요(뭘 해도 타인을 바꿀 순 없어요).

자신의 리듬에 맞춰 춤을 춰요. 그 음악을 다른 누구도 듣지 못할지라도요.

당신이 그토록 원해온 인정은, 오직 완전히, 부끄러움 없이 자기 자신이 될 때 비로소 얻을 수 있습니다.

3

사랑에 대한 열 가지 교훈

1. 때로는, 모든 면에서 당신과 맞지 않는 사람을 두고 당신은 자기와 잘 어울린다고 생각합니다.

2. 사람들은 흔히, 마음으로 원하는 것은 이루어질 가능성이 적다고 여기죠. 하지만 기억하세요. 마지막에 당신이 얻게 되는 건 결국, 당신 스스로가 받아들이고자 선택한 것이라는 점을.

3. 분명히 당신은 마음이 활짝 열리고 꽃가루가 휘날리는 사랑을 경험하게 될 겁니다. 하지만 먼저 그 사랑밖에는 다른 길이 없다고 마음먹어야 하죠.

4. 사랑은 비록 타협하는 것이긴 하지만, 조건에 따라 좌우되는 관계라면, 당신과 상대방 모두를 위해 그 관계를 그만두고 찢어지는 아픔을 미리 예방하세요.

5. 마음이 관계된 모든 일은 힘들게 마련이지만, 영혼을 바치는 사랑은 세상에서 가장 자연스럽게 벌어지는 현상이지요.

6. 누군가를 조건 없이 사랑한다면 그 사람 자체를 보게 되고, 조건을 달아 사랑한다면 그 사람을 당신 자신처럼 보게 됩니다.

7. 사랑이란 갑갑하게 막혀 있는 세상에 넓게 열려 있는 자유입니다.

8. 올바른 사랑을 하고 있다면, 당신의 모든 세포가 그 사실을 느낄 수 있습니다. 잘못된 사랑을 하고 있을 때도 마찬가지입니다. 그러니 어떤 사랑이 참된지를 알고 싶다면, 마음의 소리에 가까이 귀 기울이세요.

9. 냉소적이고 비꼬는 태도를 그냥 내버려 둔다는 건, 우리 모두를 구원할 수 있는 한 가지, 바로 '사랑'에 대한 믿음을 쉽게 저버리는 셈입니다. 부디 그 믿음을 잃지 말아요. 사랑은 실재하니까요.

10. 가장 중요한 건, 당신이 사랑받을 자격이 있다는 점입니다. 당신은 사랑받을 자격이 있습니다. 정말로 그래요.

4

옳음보다 친절함을 선택하세요

옳음을 증명하려는 건 불행하게도 인간이 경험하게 되는 흔한 감정입니다.

에고ego는 당신이 옳은 사람이 되길 원합니다. 하지만 마음heart은 당신이 친절한 사람이 되길 원하지요. 마음을 따라 친절함을 택하세요. 점잖게 물러서는 의지에는 엄청난 힘이 존재합니다.

당신이 누군가와 의견이 맞지 않을 때, 자신에게 이렇게 물어보세요. "이 순간 내가 옳다는 걸 주장하는 게 나에게 정말 도움이 될까? 그래서 뭐가 해결될까? 내가 옳다고 주장하기보다 친절한 태도로 듣고 부드럽게 물러서려면 어떻게 해야 할까?" 자신에게 그 길을 우아하게 선택할 수 있는 능력이 있음을 깨닫고는 아마 놀라게 될 겁니다.

5

떠나보내요

"멈춰 서서 당신에게
뭐가 필요한지 살펴보세요.
너무 신경 쓰지 말아요.
떠나보낼 줄 알아야 해요.
그리고 바로 지금 이 순간만이 확실하게
당신이 가진 시간이라는 점을
다시 상기하세요."

— 오프라 윈프리, 《내가 확실히 아는 것들》

6

순간에 감사하세요

매일 아침 눈을 뜨면, 깊게 감사하세요. 그날 아침 눈 뜨지 못한 어딘가의 다른 누군가를 생각하면서요.

다른 사람과의 문제 때문에 마음이 상할 때마다, 그들 역시 당신과의 문제 때문에 마음이 아플 거라는 점을 기억하세요.

사랑하는 사람과의 관계에 진정성이 의심될 때마다, 홀로인 채 지내는 수많은 사람을 떠올려봐요.

자신이 가치 있는 존재인지 의문이 생기는 순간마다, 당신은 충분히 괜찮은 사람이라는 점을 깨달아요.

어디에나 깃들어 있는 아름다움을 지금 감상하세요. 언젠가는 전부 멀리 사라져버릴 테니까요.

7

깨진 마음과 밝은 빛

어쩔 수 없이 마음이 산산조각 날 때가 있을 겁니다. 살면서 적어도 한 번은요. 하지만 괜찮아요. 상실과 슬픔과 가슴 아픈 고통을 겪겠지만, 결국엔 위로를 얻게 될 겁니다.

하지만 먼저, 그 감정을 충분히 느끼도록 허락하세요. 딱딱하게 굳은 마음과 어두운 영혼 뒤에 영원히 숨길 바라지는 않잖아요.

그렇게 먼저 상황을 받아들인 후에야 밝은 햇살이 들어올 수 있습니다.

그리고 그 빛을 당신의 마음에, 그리고 세상을 향해 다시 비춰주세요.

8

말의 중요성

당신이 하는 말이 당신이 사는 세상을 결정합니다. 만약 할 수 없다고 말한다면 당신은 할 수 없을 겁니다. 만약 할 수 있다고 말한다면 당신은 해낼 거고요.

말을 신중하게 선택하세요. 당신의 말이 곧 당신의 현실이 될 테니까요. 그리고 그 현실이 모여, 당신의 삶을 이루는 겁니다.

9
사랑

사랑을 보여주세요.

사랑을 베푸세요.

사랑을 표현하세요.

사랑을 가르쳐주세요.

사랑이 되세요.

10
당신만의 사랑

사랑은 당신이 가장 필요로 하는 모습으로 찾아옵니다. 그러니 어떤 모습으로 오든 모두 소중하고 가치 있는 것이죠.

당신만의 사랑 이야기를 적어요. 다른 누군가가 당신에게 써준 대본을 따를 필요는 전혀 없다는 사실을 기억해요. 당신이 사랑하는 사람을 사랑하면 됩니다. 당신이 원하는 방식으로요. 하지만 언제나, 사랑을 선택하세요.

11

세상에 똑같은 건 더 필요치 않아요

당신의 느낌을 말하세요. 당신이 원하는 대로 입으세요. 당신이 기뻐하는 일을 해요. 당신이 믿는 대로 믿어요. 당신의 의견을 가져요.

다른 사람의 의견에 우아하게 귀 기울이되, 어떤 누구도 당신에게 자기 의견을 강요하도록 놔두지 마세요.

있는 그대로의 모습으로 서서, 다른 사람들에게 자신을 보여주세요.

당신을 남들과 다르게 만들어주는 것을 축복하세요. 세상은 정직하고, 반항적이고, 자유로운 당신의 영혼을 기다리고 있으니, 우리에게 당신의 진정한 모습을 보여주세요.

12

당신이 선택한 사람들

당신이 어울리는 친구들은 당신이 선택한 가족입니다. 지혜롭게 선택하고, 그들과 신중하게 어울리세요.

어떤 우정은 당신과 함께 점점 성장하고 발전할 겁니다. 어떤 우정은 당신이 발전해가는 과정에서 사라지게 될 테고요. 하지만 그 사실을 개인적으로 받아들이지는 말아요. 그 우정이 가치 없기 때문에 그런 건 아니니까요. 다만 당신과 함께 성장해가는 친구들을 진심으로 존중하세요. 그리고 오래가는 친구들을 가져서 행운이라고 생각하세요.

시간이 만남을 허락해주는 새로운 친구들을, 호기심과 사랑, 열린 마음으로 환영하세요. 이들도 당신이 아름답게 선택한 가족의 일부가 될 겁니다.

13

오늘은 유일한 날이에요

"어제의 일로 오늘을 너무 많이 채우지 마세요."

— 윌 로저스

14

두 가지 용기

'Courage'는 문제와 맞서 싸우려는 의지이자 싸움의 이유를 이해하는 마음가짐을 의미합니다. 'Bravery'는 당신이 문제를 극복할 수 있게 해주는 성품이죠.

당신이 싸워야 하는 싸움에 나설 수 있게 하는 용기courage를 가지세요. 그리고 싸울 가치가 없는 일을 그냥 흘려보낼 수 있는 용기bravery 또한 가지길 바랍니다.

15

사랑의 의식

자기 자신에게 타인을 사랑할 수 있도록 허락해주는 일, 또한 타인으로부터 사랑받도록 허락해주는 일에는 상당한 대담함이 필요합니다. 설사 어떤 결함이 있더라도 말이지요. 사랑을 위한 간단한 의식을 소개합니다.

촛불을 켜세요.

등을 곧게 편 채로 조용히 의자에 앉거나 완전히 누워요. 그런 다음 아래의 글을 읽고, 원한다면 반복하세요.

> "나는 사랑을 선택하고, 내 모습 그대로를 타인에게 보여주겠습니다.
> 나는 사랑이 내 영혼을 열고 마음 안에 살도록 허락하겠습니다.
> 나는 타인이 나를 사랑할 수 있게 허락하고, 그 사랑을 진심으로 돌려주겠습니다.
> 나는 즐겁고, 분별력 있고, 흔들리지 않는 사랑을 하겠습니다.
> 나는 언제나 나를 충만하게 만드는 사랑을 용기 있게 선택하겠습니다."

이제 당신에게 밀려드는 온갖 사랑을 허락하세요.

16

당신에 대한 전문가는 당신이에요

당신보다 더 멋지게 당신이 될 수 있는 사람은 없습니다. 충고에는 귀를 열어두되, 당신을 가장 잘 아는 사람은 바로 당신 자신임을 믿어요. 당신이 겪은 일에 대해 가장 잘 아는 건 바로 당신입니다. 당신을 남과 다르게 만드는 것들을 담대하게 받아들이세요. 당신의 능력과 직관, 생각을 믿고 지지하세요. 그리고 당신은 이미 마땅히 되어야 할 바로 그 모습이라는 점을 잊지 마세요.

17

영혼의 반려자

우리는 종종 연인을 영혼의 반려자라고 생각합니다. 하지만 좋은 친구 역시 영혼의 반려자가 될 수 있죠. 누가 그런 친구인지 어떻게 알 수 있을까요? 그들은 당신의 불완전함을 억지로 견디지 않습니다. 대신 그 불완전함 때문에 당신을 사랑하죠. 그들과 함께할 때는 몇 시간 동안 말하지 않아도 괜찮고, 와인이나 차 한 잔만으로도 저녁 내내 시끄럽게 수다를 떨 수 있어요. 이 넓은 세상에서 그 친구와 어울림으로써 당신의 삶이 더욱 밝아질 때, 그런 친구를 영혼의 반려자라고 하지 않는다면 대체 뭐라 부를 수 있겠어요?

18

다양성의 아름다움

"우리는 성장하기 위한 공간,
자신이 되기 위한 공간,
다양성을 경험할 수 있는 공간을
서로에게 제공해야 합니다.
아이디어, 열린 마음, 품위, 치유, 포용 등의
아름다운 것들을 서로 주고받을 수 있는
그런 공간 말이에요."

— 맥스 드프리, 《리더십은 예술이다》

19

진실을 말해주는 친구를 곁에 두세요

당신의 인생에는 친절하고, 당신을 받아주고 사랑해주는 사람도 필요하지만, 브레네 브라운 박사의 말대로 "헛소리에는 바른말을 해주는" 사람을 두는 것도 정말 중요합니다.

친구는 우리의 나침반과 같습니다. 우리가 너무 침체돼 있거나 너무 자만한 나머지 중심을 벗어날 때는 다시 올바른 방향으로 나아갈 수 있도록 도와주지요. 우리의 에고가 진정한 우정을 방해할 때가 많은데, 그건 정직한 진실로 인해 상처를 받고 싶지 않기 때문입니다. 좋은 친구의 진정한 힘은, 부서지기 쉬운 우리의 마음을 존중해주면서도 우리에게 품위 있고 정직하게 진실을 바라볼 것을 요구하는 데서 나오지요.

당신을 지지하지만, 당신의 헛소리에는 진실을 말해주는 친구를 곁에 두세요.

20

당신만의 길

다른 사람들의 성취를 보면서 자신의 성공이나 걸어온 길과 비교하기 쉽습니다. 하지만 누구도 '정상'에서 시작한 사람은 없어요. 그리고 정상에 오르는 길 역시 각자가 다 다릅니다.

당신이 할 수 있는 가장 용기 있는 일 가운데 하나는, 정상에 오르는 길이 있다는 점을 믿는 겁니다. 그리고 당신이 앞으로 걸어가야 할 그 길은 맞바람이 거센 길이라는 점을 아는 것이죠.

그 길은 늘 곧게 뻗어 있지는 않을 겁니다. 걷기에 쉽지도 않겠지요. 하지만 그 길은 언제나 당신의 길이에요. 그리고 당신에게 완벽히 어울리는 정상을 향해 당신을 이끌 거예요. 이 사실을 믿으세요.

21

친절함에 필요한 용기

이기심이 기본인 세상에서도 다른 사람들을 기꺼이 지지해주고 축하해주는 것이 친절함입니다. 흔히 저평가되곤 하지만, 자신이 아닌 남을 지지하는 데 필요한 용기를 내야 할 때, 친절함의 진정한 가치가 빛나죠. 관대한 마음으로 타인의 어려움을 알아보고 지지해줄 때도 용기가 필요합니다. 그리고 이런 용기가 다른 사람들 속의 친절함을 일깨우고, 우리 모두에게도 퍼져나가게 되는 겁니다.

22

타인의 인정은 필요 없어요

당신의 선택을 타인이 어떻게 생각하는지 걱정하지 말아요. 흔들리지 말고, 자신의 선택을 굳게 믿어요. 당신의 결정은 당신의 것입니다. 세상에 당신을 어떻게 내보일지, 누구와 함께 시간을 보낼지는 당신의 선택에 달렸습니다. 기쁨으로 가득하고, 감사함과 소속감이 느껴지는 일을 하세요. 그리고 다른 사람으로부터 인정을 구하지 말아요. 당신에게 맞는 그 일이 다른 누군가에게는 맞지 않을 수도 있다는 점을 알아야 합니다. 그래도 괜찮아요. 당신이 선택한 모든 것을 단단히 지켜요. 타인의 인정을 받으려고 선택한 게 아니니까요.

23

불완전함을 이기는 감사함

언젠가, 완벽히 해내지 못했기 때문에 인생에 실패했다는 기분이 들 수도 있을 겁니다. 하지 말아야 할 말을 했거나, 해야 하는 일을 하지 않았기 때문이라면서요.

그런 기분이 든다면, 이렇게 생각해보세요.

당신은 한 명의 인간으로서 최선을 다해 자신의 삶을 해결해가고 있잖아요. 일단 여기까지 오는 게 우선이었기에 그 일을 다른 날로 미루게 된 거라고요.

당신의 불완전함이 특히 버겁게 여겨진다면, 감사를 실천하세요. 당신이 제대로 잘 해낸 일에 감사하세요. 그 마음이 모든 걸 바꿀 겁니다. 감사는 늘 다시 돌려받는 것이니까요. 자신에게 늘 감사를 베풀어요. 가장 필요한 순간이라면 더더욱이요.

24

꿈과 현실은 가능성 속에서 공존해요

꿈은 우리를 새로운 가능성으로 이끌어주기 위해 존재합니다. 꿈은 현실과 겨루는 것이 아니죠. 당신은 꿈과 현실 두 가지를 다 가질 수 있어요. 당신이 현실적이고자 노력한다고 해서, 더 크고 밝고 대담한 비전을 이루려고 하지 않는다는 의미는 아닙니다. 하지만 만약 현실과 이상, 둘 중 하나만을 선택해야 한다고 여긴다면, 당신은 가능성 대신 두려움을 선택하는 겁니다. 미래 대신 현재를 선택하는 셈이죠.

현실은 바로 당신이 만드는 것임을 기억하세요. 그리고 당신의 현실은 당신의 결정에 달렸어요.

세상은 때로 지나치게 냉소적인 태도를 취하죠. 그 냉소가 당신의 가능성 안으로 스며들지 않게 하세요. 그리고 다른 누군가의 현실적인 태도가 당신의 꿈을 타협해버리도록 놔두지 말아요.

25

모든 순간이 중요해요

모든 순간이 중요합니다. 대단한 순간뿐 아니라 사소한 순간도, 상대적으로 별 의미가 없어 보이는 순간도, 고요한 순간도 모두 중요하지요. 이 모든 순간이 모여 "잘 살았다!"라고 할 수 있을 만한 삶을 이뤄내는 겁니다.

사소해 보이는 순간이라도 당연하게 여기지 말아요. 그런 순간도 놓치지 말고 소중히 여기세요. 표현되지 않은 말을 들어보세요. 찰나의 시선도 알아차리세요. 부드러운 촉감을 느껴보세요. 기나긴 포옹, 슬픔, 은혜, 그 사이에 있는 것들을 놓치지 말아요.

사소한 사건과 중요한 사건 사이에 놓인 마법의 순간들이 곧 당신의 인생입니다.

매 순간에 주의를 기울이세요. 결국에는 그게 우리의 전부니까요.

26

"천 리 길도 한 걸음에서 시작된다"

— 노자, 《도덕경》

로마는 하루아침에 이루어지지 않았습니다. 당신의 이상적인 삶도 마찬가지죠.

먼저 당신은 시작해야 합니다. 바로 지금 있는 그 자리에서부터요.

그러면 한 걸음이 다음 걸음으로 이어집니다. 그 걸음은 또 다음 걸음으로 이어지고요. 다만 잊지 마세요. 때로는 두 걸음 나아갈 때도, 다섯 걸음 물러날 때도 있다는 사실을요.

자신에게 인내심을 가지세요. 충분한 시간을 허락해요. 천천히 걸으세요. 당신의 '천 리 길 여정'에서 내딛는 모든 걸음이, 당신이 꿈꾸던 곳을 향해 이끌어주고 있다는 사실을 믿어요.

27

반드시 나아질 거예요

삶이 당신의 길을 이리저리 뒤흔드는 듯한 힘든 시간 속에서는, 도저히 미래를 내다볼 수 없는 것처럼 느껴집니다.

그런 순간이 왔을 때는 단단하게 버티세요. 상황은 점점 나아질 겁니다.

하지만 먼저 어떤 어려움을 겪고 있든지, 헤쳐나가겠다는 의지가 우선입니다. 도망치지 말아요. 주변 때문에 흔들리지 말고, 타협하지도 마세요.

그저 가만히 앉아, 차분하게 내면의 소리를 들으세요.

당신의 경험이 어떤 이야기를 해주고 있나요? 무엇이 필요한가요? 뭘 배울 수 있나요?

물론 어려운 일이에요. 하지만 당신에게는 해낼 수 있는 능력이 있고, 또 해내게 될 겁니다.

결국에는 당신이 가졌는지조차 몰랐던 회복력을 발견하고, 어려움의 반대편에 서 있는 자신을 만나게 될 겁니다.

28

완벽함의 정체

자신의 삶과 비교해보면, 타인의 삶이 완벽하다고 생각하기 쉽습니다. 하지만 우리가 보고 생각하는 그 완벽함이란 대개 표면적인 것일 뿐입니다. 마치 반짝거리기 위해 많은 조명과 인력이 필요한 건물의 외부와 같죠. 건물 내부는 그처럼 반짝이지도 않고 완벽함과도 거리가 있는데도 말입니다.

만약 당신이 자신의 삶을 완벽하게 만들고자 힘쓰는 일을 멈춘다면 어떻게 될까요? 만약 당신이 세상에 완벽한 자신을 보여주기 위해 애쓰는 대신, 있는 그대로의 진정한 모습을 드러낼 때, 당신은 어떤 사람이 될 수 있을까요?

A Year of Positive Thinking

3월

MARCH

1

마음이 무너지는 순간

"누구나 마음이 무너지는 순간을 맞습니다.
우리는 그로부터 다시 일어나야 하고,
자신이 누구인지 깨달아야 합니다.
결혼생활이 깨지고,
믿었던 사람들이 등을 돌릴 때,
상황을 개선할 수 있는 열쇠는
바로 당신의 생각을 바꾸는 겁니다.
저는 분명히 압니다.
우리의 모든 어려움에는 의미가 있다는 걸.
그리고 그런 도전으로부터 교훈을 얻겠다는
자세를 가질 수 있는지 여부가,
성공과 정체停滯를 판가름할 것입니다.

— 오프라 윈프리, 《내가 확실히 아는 것들》

2

희망을 키워요

무엇보다 희망을 키우세요. 희망이 당신의 삶에 퍼지게 하고, 당신의 마음에 스며들게 하세요.

당신이 세상에 당당히 서는 날도 있을 겁니다. 그리고 온통 눈물에 젖은 자신을 발견하는 날도 있을 거고요.

이 둘 모두 당신에게 필요한 순간입니다. 하지만 희망이 없다면, 무엇도 가능하지 않지요.

무엇이 당신에게 희망을 주나요? 누가 당신에게 희망을 주나요? 그 존재들이, 주변 세상이 너무나 어두울 때 빛을 향해 나아갈 수 있도록 해주고, 당신에게 다시 희망을 일깨워줄 겁니다.

3

냉소주의에서 벗어나세요

냉소적으로 구는 건 쉬운 일입니다. 단지 평가하고 두려워하기만 하면 되니까요.

냉소적으로 굴기보다는 호기심을 가져보세요.

4

과거에 매달리지 말아요

미래를 끌어안으려면 먼저 당신의 과거를 풀어주세요. 당신의 어린 시절이 얼마나 멋졌든 혹은 얼마나 불완전했든 상관없이, 그 시간에 머물러 있지 말아요. 최대한 용기를 내어 앞으로 나아가세요.

떠나보내요. 담대하게 사랑하세요. 성장하고, 배우세요.

그런 뒤엔 날개를 펴고 날아오르는 겁니다.

5

밝게 빛나세요

매일 아침 눈을 뜨는 순간, 어떤 사람의 모습을 할 건지는 당신의 선택에 달렸다는 점을 자신에게 일깨워주세요.

삶의 이야기를 만들어가는 사람은 당신입니다. 당신의 유머와 장점, 용기를 드러내길 두려워하지 말아요.

그 사실을 먼저 받아들인 후, 가만히 앉아 아름다운 자신을 끌어안을 준비를 하세요.

당신의 빛을 밝게 빛내요. 때로 어두워지곤 하는 이 세상엔, 당신이 내는 불빛이 필요하니까요.

6

고난이 주는 기회

고난은 가장 커다란 성장의 기회입니다. 고난은 무너졌다가 다시 일어서는 법, 희망을 갖고, 신뢰하고, 꿈꾸는 법을 가르쳐주지요. 고난은 당신이 믿을 수 없을 만큼 높이 날아오를 수 있도록 준비시켜줄 거예요.

고난을 겪으면서 당신은 단순한 생존을 넘어 발전하는 법을 알게 될 겁니다. 고난은 사랑과 인내가 당신의 타고난 권리임을 증명해줄 겁니다.

고난을 헤쳐 가는 여정은 당신에게 주어진 선물이며, 당신에게는 그 선물을 다른 사람들과 나눠야 할 의무가 있습니다. 고난은 당신에게 세상을 향해 빛을 내보낼 수 있는 힘을 줄 거예요.

7

친절함을 선택하세요

항상 친절함을 선택하세요.

세상에는 형편없는 사람들이 이미 충분하잖아요.

8

당신의 말은 늘 가치가 있어요

당신의 목소리는 당신의 힘입니다. 당신이 생각하는 진실을 분명하게 이야기하세요. 당신의 말은 들을 만한 가치가 있습니다. 그러니 당신의 신념을 이야기하세요. 담대하게, 자신감을 가지고, 끝까지 헤쳐나가세요.

당신이 말할 준비가 되었을 때, 세상은 들을 거예요. 당신의 말은 귀 기울여야 할 사람들에게 가장 큰 소리로 울릴 거라는 사실을 믿으세요.

9

부담 갖지 말아요

자신을 너무 대단한 사람이라고 생각하지 마세요. 그저 할 수 있는 만큼 최선을 다하면 됩니다. 당신이 다른 사람들에게 베푸는 친절을 자신에게도 베푸세요. 지혜로부터 위로를 얻으세요. 당신은 우주를 통제할 수는 없지만, 세상에 자신을 어떻게 내보일지는 선택할 수 있습니다. 속도를 늦추세요. 가벼움을 허락하세요. 자신을 용서하세요.

그런 다음, 불가능하다고 생각했던 기쁨을 누릴 수 있도록 자신에게 허락하세요.

10

외로움을 이기는 사랑

세상은 넓고 아름답지만 때로는 고통스럽고, 엄청난 고독을 경험하게 하지요. 외롭다고 느낄 때, 당신은 결코 혼자가 아니라는 사실을 기억하세요. 주변을 더 아름답게 가꿀 기회를 만들어봐요. 친구를 찾아보고, 기쁜 마음으로 사랑을 키워보세요. 낯선 사람에게 말 걸기를 두려워하지 말아요. 친구가 될 수도 있잖아요. 다양성과 호기심으로 두려움을 극복하세요. 사람들에게는 서로 다른 면보다 비슷한 면이 더 많답니다.

무관심보다 사랑을 선택하세요. 그리고 외로움을 겪고 있을지도 모르는 다른 사람에게 친절함의 신호를 보내보세요.

11

행복의 선택

다시 한번 친절하게 말씀드릴게요. 당신이, 오직 당신만이 자신의 행복의 문을 지키는 문지기입니다.

이 지혜를 얻었음에 기뻐하세요.

12

오늘만이 전부예요

오늘이 전부입니다. 대담하게 살아요. 자주 용서하고, 열린 마음으로 사랑하세요.

모든 아름다운 경험에 감사하세요. 그리고 비록 힘들더라도, 당신이 앞으로 나아갈 수 있도록 빛을 비춰주는 모든 일에 감사하세요.

사랑과 용기, 품위를 유지하고 당신의 이야기를 소중히 아끼세요. 그 어떤 이야기라 해도 말이에요. 완벽을 추구하려고 애쓰지 말아요. 당신은 이미 불완전함과 숭고함 사이에서 인간적인 아름다움을 보여주고 있으니까요.

오늘이 당신이 가진 전부입니다. 그러니 이 위대한 진실을 완전히 깨닫고, 지금 이 순간을 소중히 누리세요.

13

인식하는 대로 현실이 될 거예요

당신이 인식하는 것이 곧 당신의 현실이 됩니다. 세상을 긍정적으로 보면 당신은 긍정적인 것들을 자주 발견하게 될 겁니다. 마찬가지로 세상을 부정적으로 보면, 부정적인 것들만 자주 발견하게 될 거예요.

14

감정은 잘 잊히지 않아요

"사람들은 당신이 무슨 말을 했는지 잊어버릴 겁니다.
당신이 무엇을 했는지도 잊어버릴 거예요.
하지만 당신이 그들에게 느끼게 만들었던 그 감정을,
그들은 결코 잊지 않을 겁니다."

— 마야 안젤루

15

당신은 평범하지 않아요

당신은 평범한 세상의 유니콘입니다. 그러니 당신이 모두를 만족시키려 애쓰지 않아도 된다는 걸, 그러지 않아도 괜찮다는 걸 받아들여요. 멋진 사람이 되어야 한다는 강박 때문에 두려워하지 마세요. 당신이 부리는 마법에 고마워할 줄 아는 사람들을 주변에 두세요. 당당히 어깨를 펴고 자신 있게 당신의 진심을 전하세요.

애써 다른 사람의 인정을 받으려 하지 말아요. 모두의 사랑을 얻으려 하지도 말고요. 당신이 내는 빛을 견디지 못하는 이들을 만족시키려고 자신을 사소한 존재로 만드는 일은 절대로 하지 마세요.

16

열린 마음으로 들으세요

무시를 당하더라도 용감하게 굴되, 상대의 이야기를 다 듣기 전에 말을 자르려고 하지 마세요. 이 시끄러운 세상에서 사람들은 모두 자신의 이야기를 들려주길 원합니다. 당신이 진리라고 생각하는 것을 당당히 이야기하되, 다른 사람들의 생각도 이해하려고 애써봐요. 그 의견에 동의하지 않을지도 모릅니다. 하지만 계속 열린 마음을 유지하세요. 기꺼이 틀린 사람이 되세요. 상대에게 공감하며 들어주는 능력은 어쩌면 우리 모두를 구원해줄 수 있는 유일한 방법일지도 몰라요. 사람들의 천성은 악하지 않다는 점을 믿으세요. 불가능을 믿어봐요. 계절처럼 사람들도 바뀔 수 있다는 것을요.

17

과거가 현재를 만들어요

과거와 화해하세요. 당신이 어떤 사람인지를 보여줬던 과거 말이에요. 당신이 이전에 경험했던 모든 일이 당신이라는 아름다운 사람을 만들었어요. 그 점을 인정하고 지금 당신의 모습을 사랑하세요. 하지만 당신이 누구였는지, 결코 잊지는 말아요. 가장 큰 교훈은, 우리가 가장 힘들었던 시간을 통해 얻을 수 있으니까요.

18

조언을 듣는 태도

많은 사람이 좋은 의도로 당신에게 삶을 어떻게 살아야 할지에 대해 조언합니다. 당신이 따라야 한다고 말하는 그 조언은, 아마 그 사람들에게는 적합한 것이겠죠. 하지만 그렇다고 당신에게도 반드시 어울릴 거라는 법은 없어요.

그들의 의도를 긍정적으로 받아들이세요. 우아하게 감사의 말을 건네요. 그다음엔, 당신이 정말 원하는 길을 선택하세요. 그것이 무엇이든 간에요.

19

영혼의 소리를 듣는 연습

당신 영혼의 소리에 귀를 기울이세요. 삶의 어떤 부분이 당신의 바람과는 다른가요? 지금 하고 있는 일 중 당신의 영혼을 만족시키지 못하고 있는 것은 무엇인가요? 당신이 원치 않지만 집중해야 하는 일들은 무엇인가요?

당신이 어떤 부분에서 영혼의 소리를 듣지 않고 있는지 찾아보세요. 물론 그런 불일치도 존재할 수 있죠. 다만 영혼의 소리와 일치될 수 있도록 계획을 세워보세요. 바로 그곳에 당신의 참된 진실이 자리하고 있으니까요.

20

튀는 것을 두려워 말아요

남들과는 다른 사람이 늘 있게 마련입니다. 다르다는 것 때문에 종종 오해를 살 수도 있지만, 그걸 두려워하진 말아요. 그 다름이 축복이니까요. 감사한 마음으로 타인들로부터 배우되, 그들처럼 되려고 하진 말아요. 당신이 만들지 않은 상자에 자신을 억지로 끼워 맞추려 하지 말아요. 그 상자는 당신에게 맞게 만들어진 상자가 아니니까요. 당신의 자유로운 영혼이 꿈을 펼칠 수 있게 두세요. 단지 다른 사람과 똑같아지기 위해 자신의 마법을 버리지 마세요.

21

무기력을 이기는 힘

순간의 나약함이 당신을 무기력하게 만들지는 않습니다. 그러니 먼지를 털고 다시 단단히 일어서세요. 당신이 할 수 없는 일 때문에 한탄하지 말고, 할 수 있는 일을 시도하세요.

맞아요. 당신은 다시 휘청거리고 넘어질 거예요. 하지만 다시 일어날 때마다 더욱 자신감이 넘치고 능력 있는 사람이 될 겁니다. 무기력함이 손쉽게 스며들도록 내버려 두지 말아요. 당신은 생각보다 훨씬 더 강한 사람입니다.

22

당신에게 달렸어요

"나는 두려운 결론에 이르렀습니다. 바로 나 자신이 결정의 주체라는 것입니다. 상황은 내가 그 상황을 개인적으로 어떻게 바라보는지에 의해 만들어집니다. 내가 느끼는 매일의 기분이 그날의 분위기를 결정합니다. 나는 삶을 비참하게 만들 수도 있고, 기쁨으로 가득하게 만들 수도 있는 엄청난 능력을 가졌습니다. 나는 고문의 도구가 될 수도 있고, 영감의 도구가 될 수도 있습니다. 나는 굴욕감을 줄 수도 있고, 웃음을 줄 수도 있습니다. 상처를 줄 수도 있고, 상처를 치유할 수도 있습니다. 모든 상황이 내 반응에 따라 달라집니다. 위기가 악화될 수도 있고, 개선될 수도 있습니다. 사람들을 인간적으로 굴게 만들 수도 있고, 비인간적으로 굴게 만들 수도 있습니다. 만약 우리가 사람들을 그들 현재의 모습 그대로 대한다면, 그 사람들의 상태는 더 나빠질 것입니다. 만약 우리가 사람들을, 그들이 미래에 될 수 있는 모습으로 이미 변한 것처럼 대한다면, 그들이 더 나은 사람이 되도록 도울 수 있습니다."

— 요한 볼프강 폰 괴테

23

한순간만으로 규정하지 말아요

당신에게 있었던 최고의 순간이나 최악의 순간이, 당신이 어떤 사람인지를 규정하는 건 아닙니다. 당신에게는 힘든 날도 있을 것이고, 좀 더 나은 날도 있을 거예요. 어떤 날들은 너무나 찬란해서 절로 감사의 기도를 올리게 되기도 하지요.

하지만 당신은 안정적인 사람입니다.

당신이 경험하는 모든 일이 모여, 놀랍도록 멋진 당신이라는 존재를 만들었습니다. 너무 좋거나, 또는 너무 힘든 상황에 갇혀 있지 말아요. 그 시간도, 다른 모든 시간처럼 결국은 흘러가 버릴 테니까요.

24

추락과 비상

"당신은 추락할 수 있어요.
하지만 다시 날아오를 수도 있죠."

— 앙젤리크 키조

25

위험을 감수해야 하는 이유

자신의 진정한 모습으로 살겠다는 결심에는 항상 위험이 뒤따릅니다. 사람들은 당신을 판단할 것이고, 누군가는 당신을 좋아하지 않을지도 모르죠.

이 점이 두렵게 느껴지겠지만, 모두로부터 사랑받는 편안한 자리에 머물려고 하지 말아요. 어쨌거나 사람들은 당신을 판단하려 들 거예요. 그러니 진정한 당신의 모습대로 살면서 평가받는 편이 더 나아요.

26

꿈꿀 용기

꿈꾸는 데는 용기가 필요합니다. 지금 주어진 대로 그냥 받아들이는 편이 더 쉽죠.

불가능을 꿈꾸는 건 두려운 일입니다. 당신의 기대는 이뤄지지 않을 수도 있고, 당신의 바람은 실현되지 않을 수도 있어요. 일어난 일에 대해 후회할 수도 있지요. 하지만, 마찬가지로 당신이 꿈꿨던 모든 걸 얻게 될 수도 있습니다.

물론 이 모두는, 꿈을 꿔야만 비로소 일어날 수 있는 결과이죠.

27

자신을 대하는 태도

만약 당신이 자신을 사랑과 자비로 대한다면 남들도 당신을 그렇게 대할 겁니다. 만약 당신이 자신을 경멸하고 불친절하게 대한다면 남들도 당신에게 그렇게 할 거고요.

당신이 믿는 진실이 무엇인지를 규정하세요. 아닌 것은 단호히 거부하세요. 자신의 직관을 믿고 선택하세요. 당신이 존중과 배려를 받을 자격이 있다는 사실을 의심하지 말아요. 그럴 때 남들도 당신을 사랑과 친절이 담긴 온화한 시선으로 대하게 될 겁니다.

28

항상 사랑을 선택하세요

마음이 원하는 대상을 까다롭게 선택하는 건 괜찮아요. 하지만 미래의 아름다운 가능성에 대해 완전히 문을 닫아걸지는 마세요. 용기 있게 선택하되, 진실이라고 여긴 것은 신뢰하세요. 사랑은 둘이 함께 추는 춤이고, 별들의 위치조차도 바꿀 수 있는 겁니다. 절대로 포기하지 마세요.

대담하고 달콤하게 사랑하세요. 당신에게는 위대한 사랑을 할 수 있는 자격이 있어요.

29

세상은 늘 제자리를 찾아가요

당신의 영혼이 승리로 불타오르고, 당신이 사람들의 칭찬 속에서 춤추는 멋진 날이 찾아올 겁니다. 그 시간이 부리는 마법을 존중하세요. 마음을 활짝 열고 그 순간을 기쁘게 받아들여요.

하지만 다른 날도 있을 겁니다. 자신감이 바닥에 떨어지고, 우울하게 지내는 밤도 있을 거예요. 그런 시간을 보내는 동안 자신을 가혹하게 판단하지 마세요. 너무나 시끄러운 이 세상을 사는 동안 그런 시간도 꼭 필요하니까요.

울고 싶을 때는 우세요. 웃고 싶을 때는 웃어요. 춤추고 싶을 때는 춤을 추고요. 당신이 느끼는 감정 그대로 느끼세요.

그리고, 세상은 늘 제자리로 돌아간다는 점을 믿으세요.

30

강해질 용기

"내가 용기를 내어 강해지려 하고,
비전을 위해 나의 힘을 사용하려 한다면,
내가 두려워하는지 아닌지는
그리 중요치 않다."

— 오드리 로드, 《나의 암 투병기THE CANCER JOURNALS》

31

감사 목록

갖지 못한 것에 집중하는 대신, 이미 가진 것을 생각해보세요. 종이를 한 장 꺼내어 감사 목록을 작성해보는 겁니다.

이렇게 시작해보세요. '나는 ________에 대해 감사합니다.'

당신의 목록을 판단하지 말고, 내용을 평가하지 말아요. 그저 생각나는 대로 적으면 됩니다. 크든 작든, 감사할 만한 것이 더는 생각나지 않을 때까지 계속 적어요.

목록 작성을 끝마치면 잘 보이는 곳에 붙이고, 사랑하는 사람들과 그 목록을 함께 나누어보세요. 벽에 붙인 목록을 사진 찍어서 당신의 휴대폰이나 컴퓨터 바탕화면에도 저장하고요.

그리고 그 목록이 점점 늘어나게 하세요.

이미 가진 것에 집중하면 당신의 삶에는 감사할 일들이 더 많아지게 될 겁니다.

기억하세요. 당신이 집중하기로 선택한 것이 성장하게 된다는 점을요.

A Year of Positive Thinking

4월

APRIL

1

행복에 필요한 불행

만약 불행이 어떤 느낌인지 경험해보지 못했다면, 행복이 찾아온다고 한들 어떻게 알아볼 수 있겠어요? 둘 중 어느 한쪽만을 경험하기란 어려운 일입니다.

2

극복하는 법

다시 일어나 먼지를 털어내고 계속 가는 것 외에는 대안이 없다는 점을 인정할 때, 당신은 극복할 수 있습니다. 포기하거나 집어치우고 싶은 마음이 드는 날이라도 당신이 그렇게 하지 않는 이유는, 삶이 소중하다는 걸 너무나 잘 알기 때문이죠.

어려움을 극복하면 당신에게는 회복탄력성이 생기며, 그 덕분에 어떤 일을 겪더라도 목적의식을 갖고 매일 아침 눈을 뜰 수 있는 겁니다. 당신이 겪고 있는, 금방이라도 무너져 내릴 것만 같은 경험도 저주가 아닙니다. 그로 인해 새로운 가능성을 더 잘 알아볼 수 있는 시야를 갖게 될 거예요.

3

당신이란 사람

진정한 자신이 되는 일, 상처받기 쉬운 당신의 모습을 남들에게 내보이는 일에는 용기가 필요합니다. 삶에 어떤 어려움이 있다고 해도 지금 그대로의 모습으로 충분하다는 점을 알려면 지혜가 필요하죠.

당신은 용감합니다. 당신은 쉽게 상처받습니다. 당신은 지혜롭습니다. 당신은 지금 그대로 이미 충분한 사람입니다.

4

만약을 생각하는 연습

만약 행복해지고 싶다는 핑계로 남을 따라 하는 걸 멈춘다면 어떻게 될까요?

만약 자신을 선지자, 몽상가 또는 영웅으로 여기면 어떻게 될까요?

만약 오늘 하루만이라도, 당신이 원하는 모든 걸 가질 자격이 있는 사람이라는 걸 알게 된다면 어떨까요?

만약 남과 비교하기를 멈추고 자신만의 성공 기준을 갖는다면 어떨까요? 만약 믿는 대로 이뤄진다면, 어떤 사람이 되고 싶은가요?

오늘 하루만이라도, 그 사람이 되어보세요.

5

가장 위대한 용서

"미안. 널 기분 나쁘게 했던 일이 무엇이었든, 미안해. 네가 그런 감정을 느낄 필요가 없었는데."

때로는 해줄 말이 없는 순간도 있습니다. 그럴 때는 약간의 공감과 커다란 사랑이 좋은 효과를 낳죠.

당신 자신에게도 "미안해"라고 말해주세요. 충분하다고 느낄 만큼 말이에요.

가장 위대한 용서는, 자기 자신에 대한 용서입니다.

6

상황을 일부러 더 힘들게 만들지 말아요

삶을 실제보다 더 어렵게 만들지 마세요. 순간에 마냥 갇혀 있기보다는, 분노, 짜증, 좌절을 유발한 그 상황이 무엇이었는지를 생각해보세요.

온종일 기분 나쁜 채로 보낼 만한 가치가 정말 있나요? 다른 선택은 불가능한가요? 그럼에도 불구하고, 행복을 선택할 수 있나요? 기분 나쁜 일은 그냥 잊고, 계속 나아갈 수 있나요? 그럼 어떤 일이 벌어질까요?

관점은 선물입니다. 고난 속에 있을 때는 더더욱이요.

7

계속 앞으로 나아가세요

세상은 늘 불공평합니다. 시간이 그 점을 우리에게 아주 잘 보여줘 왔죠. 하지만 이 단순한 사실이 당신의 반짝이는 빛을 가리게 놔두지 마세요. 당신은 그 불공평함을 견디도록 만들어진 존재입니다. 이것이 불공평함에 대한 유일한 해결책이에요.

앞으로, 그저 계속 앞으로 나아가세요.

8

당신은 변할 거예요

변화는 고통스럽습니다. 하지만 늘 가치 있는 일이지요.

삶은 괴상한 방법으로 당신을 힘들게 할 거예요. 그럴 땐 그저 최선을 다하세요. 그것으로 충분합니다. 그 경험이 아무리 견디기 힘들지라도, 그 과정을 통해 당신은 변화할 겁니다.

변화는 애벌레를 나비로, 사람을 특별한 존재로 바꿔줍니다.

9

판단을 멈추세요

비난은 사람들에게 교훈을 가르쳐주지 못합니다. 대신 마음을 굳어버리게 하고, 서로 연결되어야 할 부분이 멀어지게 만들죠.

누군가의 선택에 대한 당신의 첫 반응이 '못마땅함'이라면, 좀 더 친절해지려고 노력해보세요. 판단은 잠시 멈추세요. 당신도 다른 사람이 좋아하지 않는 선택을 내릴 수도 있으니까요.

10

놀라운 삶을 맞이할 준비

"우리는 기꺼이 삶에 대한 계획을 내려놓을 수 있어야 한다.
그래야 우리를 기다리고 있는 놀라운 삶을 맞이할 수 있으니까."

— 조지프 캠벨

당신은 모든 세세한 것까지 일일이 통제해야만 안전하다고 느낄 겁니다. 하지만 마법은 종종 알지 못하는 데서 일어나지요. 당신을 깜짝 놀라게 만드는 일에 아름다움이 존재하고, 예기치 않은 순간에 은혜가 찾아옵니다.

계속 나아가세요. 자신이 모른다는 사실을 인정하고, 마음을 편안하게 가지세요. 편안히 앉아 당신에게 마법이 일어날 수 있도록 허락하세요. 그리고 그 마법을 즐겨요.

11

자신을 먼저 아끼세요

동정심은 자신에게 줄 수 있는 가장 너그러운 선물입니다. 당신이 남을 대할 때 갖는 자비와 동정심, 친절함을 자신에게도 보여주세요. 자신에게 먼저 동정심을 갖지 못하면서 남들을 그 마음으로 대하기란 쉽지 않습니다.

당신에게 먼저 시작해보세요. 그런 다음 다른 사람들에게로 넓혀봐요.

꼭 그렇게 될 겁니다.

12

당신을 퍼트리세요

당신의 목소리는 또렷이 들립니다.

당신의 모습은 잘 보입니다.

당신의 삶, 이야기, 그리고 경험은 중요합니다. 아마도 당신의 생각 이상으로 그럴 거예요.

그것들을 멀리, 그리고 넓게 퍼트리세요.

13

의문을 가져요

당신의 현실에 의문을 가지면, 관점을 바꿀 수 있습니다.

머릿속에 남에 대한 부정적인 이야기나 남을 비판하는 생각이 떠오를 때, 스스로에게 이렇게 한번 물어보세요. "그게 정말일까?"

사실이 아니라, 단지 당신의 생각에 불과한 건 아닐까요? 그 사람에게 선한 의도가 있었다고 가정해보거나, 공감 어린 대화를 해볼 수는 없을까요?

우리는 종종 타인과 자신에 대해 가정하고 판단합니다. 하지만 위와 같이 질문을 던져보면, 자신을 좀 더 잘 이해할 수 있고, 남들을 향해 보다 열린 마음을 가질 수 있지요.

14

당신의 감정은 옳아요

당신의 감정은 늘 옳습니다. 그 감정이 알맞은지 아닌지에 대해 의문을 품지 마세요. 당신이 어떻게 느끼든, 당신은 그렇게 느낄 자격이 있습니다.

감정은 자신을 들여다볼 수 있는 정확한 창입니다. 당신의 감정에 귀를 기울이고 존중하세요.

15

인정하지 않아도 용서할 수 있어요

자신을 위해 용서하세요. 그래야 부정적인 것에 사로잡히지 않을 수 있어요. 용서한다는 게 꼭 인정한다는 뜻은 아닙니다. 단지 당신에게 도움이 되지 않는 무언가를 흘려보내는 것뿐이죠. 용서가 일어난 일에 대한 동의는 아네요. 단지 평온하게 앞으로 나아갈 수 있도록 내버려 두겠다는 의식적인 결정이죠.

16

당신은 소속돼 있어요

당신은 여기에 속해 있는 사람입니다. 어쩌면 항상 그렇게 느끼지는 못할 수도 있어요. 아마 당신에게 그 사실을 말해준 사람이 없을 수도 있고요.

삶의 여정은 바로 여기로 당신을 데려왔습니다. 당신은 분명 이곳에 속한 사람입니다. 이 점을 깨닫고, 그 기반 위에서, 마땅한 권리라고 생각되는 것보다 더 넓게 자리 잡으세요.

17

두 가지 순간

살면서 유일한 탈출구가 하늘밖에 없을 때가 있을 겁니다. 계속 살아가기 위해 할 수 있는 일이란 게 그저 털썩 주저앉아 크게 소리 내 울며, 다가올 일을 마냥 기다리는 것밖에 없는 때가 있을 거예요.

한편, 이럴 때도 있을 겁니다. 세상이 너무나 아름다워서, 그저 두 팔을 넓게 벌리기만 하면 그 모든 아름다움을 껴안을 수 있는, 태양을 향해 고개를 들고 당신의 영혼이 아름다움으로 채워지도록 허락하기만 하면 되는 그런 시간이요.

두 가지 순간 모두, 언젠가 찾아올 거예요. 둘 모두와 더 친해질 거라고 믿으세요.

18

당신은 특별한 사람이에요

세상에 당신이 누구인지 보여줘요. 관습에 얽매이지 말아요. 당신의 특별함을 보여주세요. 당신의 빛을 밝게 비춰 어둠을 몰아내세요.

그럼으로써 다른 사람들에게도 그럴 수 있도록 허락하는 겁니다. 세상이 절실히 필요로 하는 찬란한 빛을 밝게 비춰주세요.

19

동정심이 이끄는 변화

필요 이상으로 친절을 베풀어보세요. 모르는 사람에게 자리를 양보하세요. 미소를 지어보세요. 다정한 말을 건네보세요. 다른 사람들을 믿어주세요. 너그러운 생각을 가져보세요.

당신의 동정심은 누군가의 삶을 바꿀 수 있습니다. 그리고 그 속에서 당신의 삶 역시 바뀔 겁니다.

20

당신의 인생

진부하게 들리겠지만, 당신은 좋아하는 일을 하며 살 수 있습니다. 당신이 원하는 일을 하는 건, 당신의 선택이자 자기 자신에 대한 헌신이지요. 다른 변명은 필요 없어요.

당신이 즐기는 일을 즐겨봐요. 그림 그리기를 좋아한다면 그림을 그리세요. 글쓰기를 좋아한다면 글을 쓰세요. 소설을 좋아한다면 이야기에 푹 빠져보세요. 맨발로 풀밭을 걷는 게 좋다면 신발을 벗어요. 따로 시간을 정해도 좋아요. 매일, 아니면 일주일에 한 번, 가능한 시간을 따로 내봐요.

당신이 정말로 즐기는 일을 뒤로한 채, 삶이 지나가 버리도록 놔두지 말아요.

작은 순간들 하나하나가 모여 당신의 삶을 만들어갑니다. 그러니 모든 순간을 터덜터덜 힘겹게 걷지 말고, 멋지게 춤을 추며 발걸음을 옮겨보아요. 그게 당신의 인생이에요.

21

당신은 강한 사람이에요

당신은 스스로 알고 있는 것보다 더 능력 있는 사람입니다. 당신이 생각하는 것보다 더 멋지고, 당신이 이해하는 것보다 더 강한 사람입니다.

22

자기 존중

사람들에게 당신을 어떻게 대해야 하는지 보여주는 건 당신입니다. 당신이 자신을 대하는 방식이, 남들에게 당신을 어떻게 대해야 하는지에 대한 예시가 되기 때문이죠. 자신을 품위와 사랑과 용서로 대하세요. 그러면 주변 사람들도 같은 방식으로 당신을 대하게 될 거예요.

자신에 대해 어떻게 생각하는지가 매우 중요합니다. 당신이 내리는 모든 결정은 바로 그 기반 위에서 이뤄지기 때문이죠. 자신을 있는 그대로 사랑하는 법을 배워야만 다른 사람의 기대에 얽매이는 삶으로부터 자유로워질 수 있습니다. 그리고 그 자유는, 강력한 자기 존중에서부터 비롯되지요.

23

빈 잔으로는 부을 수 없어요

당신이 점점 텅 비어간다고 느껴진다면, 정말 그런 겁니다. 그 사실을 인정하고 한 걸음 물러나세요. 휴식하고, 치유하세요. 자신을 추스르고 다시 연결하세요.

자신을 가득 채운 후에야 당신은 다시 세상에 뛰어들어 자기 자리를 잡을 수 있습니다.

24

세상은 경이로운 곳이에요

이 넓고 넓은 세상은 경이로움으로 가득한 곳입니다. 그 경이로움을 감상할 시간이 단 몇 분밖에 남지 않은 듯이 살아요. 아름다움을 기대하세요. 세상의 빛과 색깔, 유머 그리고 인간적인 경험의 완전한 스펙트럼을 맛보세요. 그것이 삶의 의미, 당신이 세상에 존재하는 의미입니다.

그 속에 흠뻑 빠져보세요. 완전한 색채로 세상의 경이로움과 삶의 진실을 탐험하는 경험보다 더 특별한 건 없으니까요.

25

두 가지 삶

가끔 당신은 지고 말 거예요. 그리고 종종 이기게 될 거고요. 어느 쪽이든 당신은 받아들여야 합니다.

둘 모두 존중하세요.
좋은 것과 그다지 좋지 않은 것.
아름다움과 잔인함.
평화로움과 불안함.
흰색과 검은색, 그리고 회색까지.
행복과 분노.
기쁨과 슬픔.

이 모두에 대해 당신은 더 잘 대처할 수 있습니다. 삶이 당신에게 어떤 모습을 드러내든 그곳엔 늘 깊은 교훈과 기회가 기다리고 있어요. 이 점을 절대 잊지 마세요.

26

반드시 답을 찾게 될 거예요

당신이 아무리 애쓰고 노력해도 문제에 대한 답을 찾을 수 없을 때가 있습니다. 그럴 때는 마음과 직관, 그리고 생각이 서로 연결되도록 만들어야 하죠. 정말로 필요한 답이라면, 반드시 올바른 답을 찾게 될 거라고 믿으세요.

신념을 가져요. 그러면 앞으로 뭘 해야 할지를 알게 될 거예요. 하지만 지금 당장은 인내심을 가지고, 그 문제를 해결하기 위해 노력하는 게 먼저입니다.

27

앞을 내다보세요

뒤를 돌아보면서 앞을 향해 나아갈 수는 없습니다. 과거는 떠나가게 두세요. 어제 얻은 지혜와 은혜를 가지고 나아가세요. 자신의 어떤 점이든 용서하세요. 이미 한 일, 혹은 아직 일어나지 않은 일은 바꿀 수 없습니다.

대신 지금 이 순간을 사세요. 그리고 오늘을 가득 채운, 모든 아름다운 가능성을 찾아보세요.

28

당신만의 성공 방정식

"성공이란 이것이다"라고 많은 사람이 떠들지만, 성공에 대한 단 하나의 진정한 의미는 바로 당신의 선택에 달렸습니다.

만약 성공에 대한 당신의 정의가 부와 명예라면 그것을 좇으세요. 유목민의 라이프스타일을 따르고 싶다면, 혹은 소도시에 살면서 안정적인 직장인이 되는 게 성공이라고 생각한다면, 그렇게 살아요. 사람들이 잘 시도하지 않는 길을 걷는 게 성공이라 여긴다면 그 길을 걸어요. 사람들이 많이 다니는 길을 따라가는 게 성공이라 여긴다면 그 길을 따라가세요.

선택은 당신의 몫입니다. 무엇을 선택하든 잘못이란 없습니다. 성공이 무엇인지는 당신이 정하는 거예요. 그리고 원한다면 언제든지 그 정의를 바꿀 수 있다는 것도 잊지 말아요. 스물이든 마흔이든, 심지어 일흔 살이라도 말이죠. 중요한 건, 언제나 자신이 성공이라고 여기는 삶을 사는 겁니다.

29

행복은 움직여요

행복은 당신이 걸어가는 여정 속에 있습니다. 도착하면 내려야 하는 정류장이 아니에요.

30

이야기의 속성

"아무리 정확한 사실이라도,
이야기는 단지 이야기일 뿐이다."

— 매리앤 윌리엄슨, 《신성한 보상의 법칙THE LAW OF DIVINE COMPENSATION》

당신이 말하고 싶은 이야기와 따라 살고 싶은 이야기는 당신이 결정합니다. 보통은 이 두 가지 이야기가 같지 않죠.

저는 무척이나 사랑받으며 자랐지만, 매우 가난했어요. 열세 살이었을 때, 커서 절대 가난한 어른이 되지 않겠다고, 열심히 공부해서 세상에 나갈 거라고 결심했던 일이 아직도 생생하게 기억납니다. 그리고 저는 그 결심대로 따랐습니다.

제가 성장해온 그 시간이 지금의 저를 만들었어요. 결코 잊지는 않겠지만, 이제는 과거가 아닌 지금의 저에 대한 이야기를 할 겁니다. 그래야 이제는 더 이상 존재하지 않는 시간에 갇히지 않고 계속 나아갈 수 있으니까요.

당신이 하고 싶은 이야기는 무엇인가요? 어떤 삶에 대해 이야기하고 싶은가요? 어떤 이야기를 하고 싶은지 생각해보세요. 그리고 오늘의 당신을 위한 이야기를 하겠다고 결심하세요.

그리고 기억하세요. 아무리 사실이라고 해도, 단지 또 하나의 이야기에 불과하다는 점을요.

A Year of Positive Thinking

5월

MAY

1

당신 안의 어린아이

당신 안에 있는 어린아이를 결코 떠나보내지 마세요. 놀이를 즐기세요. 자주 웃으세요. 남들에게는 이해 안 될 일을 하세요. 그저 호기심으로 돌멩이와 조개껍데기를 주워보세요. 레인부츠를 꺼내 신고 빗속에서 춤을 춰요. 쉽게 사랑하세요. 다른 사람들과 손을 잡으세요.

너무 심각하게 생각하다가, 이 넓고 넓은 세상에서 마음을 가볍게 하는 법을 잊어버리지 말아요.

2

기쁨

기쁨은, 좋은 인생에 대한 신성한 반응입니다. 내면에서 비추는 등불과도 같죠. 당신이 지고 가는 삶의 무게와 여러 문제에도 불구하고 존재하는 겁니다.

슬픔과 함께 기쁨 또한 느끼는 건, 우리에게 주어진 가장 큰 책임일지도 모릅니다. 기쁨의 깊이는 슬픔을 딛고 나서야 측정할 수 있어요. 하지만 그러려면 먼저, 기쁨을 느끼겠다고 마음먹어야만 합니다.

3

계속하세요

당신은 자신을 가장 멋지게 드러낼 의무가 있습니다. 그리고 인생의 모든 일에 그 멋진 모습으로 대처해야 하죠. 당신에게는 잘 살아야 할 책임, 궤도에서 벗어나더라도 다시금 우아하게 원래의 자리로 돌아와야 할 책임이 있습니다.

자신을 믿고 계속하세요. 당신이 해답을 얻게 되리라는 믿음, 그 해답이 곧 밝혀질 거라는 믿음, 당신은 괜찮을 테고 성장할 거라는 믿음을 갖고 계속 그 길을 가세요. 오늘 당신이 해야 할 유일한 일은, 계속하는 것뿐입니다.

4

용감하게 서세요

당신 자신과 자신의 신념을 당당히 지지하세요. 당신이 그러지 않으면, 누구도 대신해주지 않을 겁니다.

5

다시 돌아올 수 있어요

당신은 오른쪽으로 가는 대신 왼쪽으로 갔을 뿐입니다. 다만 세상이 바뀌어서 길을 잃은 거예요. 하지만 괜찮습니다. 단지 길을 잘못 들었다는 걸 인정하고 다시 마음이 원하는 길로 돌아오면 됩니다.

참을성을 가지고 품위를 지키며, 당신이 모은 모든 사랑의 힘으로, 다시 집으로 돌아올 수 있도록 당신의 마음과 행동을 부드럽게 연결하세요.

6

그 짐을 내려놓아요

한 여성이 물잔을 들고, 무게가 얼마나 나갈지 동료들에게 물었습니다.

누군가 대답했죠. "570g 정도 아닐까?" 다들 그와 비슷한 대답을 내놓았습니다. 이 여성은 말했죠. "글쎄? 무게를 재보지 않아서 나도 확실히는 모르겠어." 그런 다음 그녀는 다시 질문했습니다. "만약 내가 이 잔을 한 시간 동안 들고 있으면 어떻게 될까?"

한 동료가 답했습니다. "네 손가락과 팔이 점점 아파지겠지."

"그래, 그렇겠지! 그럼 내가 이 잔을 일주일 동안 들고 있으면 어떻게 될까?"

"하!" 다른 동료가 탄성을 질렀습니다. "네 팔과 상체에 점점 감각이 없어지겠지!"

"음, 그렇겠군. 그래도 이 잔의 무게는 절대 변하지 않을 거야. 그렇지?"

이 물잔의 진리는, 우리가 지고 가는 짐에도 적용될 수 있습니다. 우리는 그 짐을 계속 지고 가기를 선택할 수도, 때로는 그 짐을 내려놓기로 결정할 수도 있죠.

어떻게 하든, 그 짐은 달라지지 않습니다. 계속 짐을 지고 간다면 그저 아픈 어깨와 엄청난 두통만이 남을 뿐이죠. 그러니 불필요한 짐을 내려놓고 영혼이 다치지 않게 하세요. 그 대신 당신의 기쁨과 행복을 더 키우는 데 열중해요.

7

당신은 잘 해낼 거예요

당신이 걷는 길은 일직선이 아닙니다. 그 길은 비뚤배뚤하거나 구부러져 있을 때가 많죠. 상황에 따라서는 산등성이를 오르는 험난할 여정일 수도 있고, 때로는 언덕길을 내려오는 쉬운 여정일 수도 있어요.

삶은 당신의 예상과는 다른 모습으로 펼쳐질 수 있습니다. 하지만 그 모습은 정확히 당신 앞에 펼쳐져야 했던 모습이라는 걸, 나중에는 결국 알게 될 겁니다. 당신은 계속 나아갈 수 있습니다. 그리고 물론 잘 해낼 거예요.

8

꿈꾸는 대로 될 거예요

당신의 꿈이 당신이 됩니다. 원하는 삶을 사는 모습을 그려보세요. 그리고 그 그림을 손에 꼭 쥔 채, 날마다 그 모습을 떠올리세요.

절대로 포기하지 말아요. 당신이 그릴 수 있는 범위가 곧 당신이 성취할 수 있는 범위니까요.

9

독특함을 받아들여요

별나고 특이한 것들, 그리고 당신을 보여주는 내면의 야생성을 받아들이세요.

당신의 진실을 드러내고 소유하세요. 당신의 기이한 면은 경이로운 겁니다. 자신의 모든 모습을 사랑하세요. 그럼으로써 그 누구도 줄 수 없는 것을 자기 자신에게 선사할 수 있습니다. 진정한 자신을 받아들이는 아름다움을 말이죠.

10

일어서세요

당신은 눈에 띄는 사람, 가치 있는 사람입니다. 어디서 왔든, 어디로 가든, 항상 어깨를 당당히 펴고 머리를 높이 들어요. 당신은 여기 있을 자격이 있어요.

심호흡을 하세요.
자리를 잡으세요.
일어서세요.
당신이 있기로 선택한 그곳에 속해 있음을 기억하세요.

11

자기 자신이 되는 연습

만약 당신을 막아섰던 격언의 담장을 허물고 나섰다면 어떻게 됐을까요? 만약 당신이 즐기는 일을 했다면요? 만약 당신이 사랑했던 그 사람을 사랑했다면 어땠을까요? 담장 너머 반대쪽에 살았다면 어떤 모습이었을까요? 당신은 다른 사람이 됐을까요?

가만히 앉아, 이 질문에 대한 답을 생각해보세요. 마음속에 떠오르는 대답을 충분히 들어본 후, 그 답에 따라 당신이 해야겠다고 생각되는 일을 하세요.

12

행동이 변화를 만들어요

변화는 당신의 생각으로부터 시작되고, 실천할 때 비로소 확장됩니다.

13

당신은 특별해요

당신은 특별합니다. 이 사실을 받아들여요. 그 특별함 때문에 남들보다 못하더라도, 혹은 남들보다 더 뛰어나더라도 말이에요.

다른 사람들이 원하는 모습에 자신을 맞추지 마세요.

당신은 발전할 것이고, 점점 더 뻗어 나가 성장할 겁니다. 하지만 여전히 그 모습 그대로 당신은 특별합니다. 어떻게든 당신은 예정된 바로 그 모습이 되어가고 있는 겁니다. 특별하고 진실된 모습 말이지요.

14

두려워하지 말아요

당신이 두려워하는 것들을 겁내지 마세요. 그 두려움은, 당신에게 가장 소중한 것이 무엇인지를 알려주려고 존재하는 겁니다.

15

충분한 용기

사람들이 당신에게 기대하는 바가 있겠죠. 그 기대로 가득한 세상에서 자신의 진정한 모습으로 살 수 있을 만큼 충분한 용기를 가졌다면, 당신은 더 많은 기쁨과 즐거움, 만족을 누리며 살게 될 겁니다. 후회도 훨씬 적게 하면서요.

16

바로 지금이에요

어느 날 당신은 아침에 눈을 뜬 후 '이제 때가 됐구나' 하고 느끼게 될 겁니다. 궁금한 건, '과연 뭘 해야 할 때인가?' 하는 것이죠.

이 질문을 적어놓고, 당신이 평생 실천하고 싶었고, 보길 원했고, 이뤄지길 기다려온 것이 무엇인지 떠올려보세요. 바로 지금이 그때임을 받아들이고, 지금껏 기다려온 그 일을 현실로 만들어요.

17

힘을 전하세요

다른 사람들이 더욱 빛날 수 있게 힘을 주세요. 힘든 상황일수록 더더욱 친절을 베푸세요. 인간성을 신뢰하세요. 동정심을 보여주세요. 공감을 나타내세요. 다른 사람들을 용서하세요.

이런 일들이 늘 쉽지만은 않습니다. 하지만 겸손하게 이런 행동을 연습한다면, 당신은 다른 사람들의 가능성 또한 일깨워줄 수 있을 거예요.

18

사색을 위한 시간

조용한 사색의 시간은 당신을 자기 자신과 연결해줍니다. 하루가 끝났을 때 가만히 앉아 심호흡하면서, 당신이 누구인지를 기억하게 해주지요.

매일 10분만 시간을 내어, 아무것도 하지 말고 오직 자신과 함께, 지난 하루를 사색하는 시간을 가져보세요.

19

불완전한 연민

"만약 당신이 연민을 갖는 대상에 자신이 포함되어 있지 않다면, 그것은 불완전한 겁니다."

— 잭 콘필드, 《부처의 작은 가르침 BUDDHA'S LITTLE INSTRUCTION BOOK》

20

타인의 지혜

당신을 치유해주고, 친절하고 다정한 사람이 될 수 있게 해주는 사람들과 함께 시간을 보내세요. 더 많은 지혜를 얻기 위해 다른 사람들의 지혜에 귀를 기울이세요. 특히 당신과 많이 다른 사람들의 지혜를 들어보세요. 그런 사람들은 대부분 당신에게 가르쳐줄 수 있는 게 아주 많거든요.

21

진정한 일치

일치一致란, 원하는 것이 실제로 이뤄질 거라고 믿는 겁니다. 아직 눈에 보이지 않는 것에 믿음을 갖는 겁니다. 바라는 바가 이미 존재하는 듯이 말하는 겁니다. 당신의 꿈이 이뤄질 수 있도록 사는 겁니다.

당신이 사랑을 원한다면, 사랑이 되세요. 남들에게 사랑을 베풂으로써 사랑을 초대하세요. 당신이 기쁨을 찾는다면, 기쁨이 되세요. 삶을 기쁘게 살면서 남들이 당신과 함께 기쁨을 경험하게 하세요. 당신이 원하는 바로 그것이 되세요. 당신 내면이 외적인 삶의 방식으로 드러나게 하세요. 이것이 진정한 일치입니다.

22

호기심을 가져요

호기심을 가지세요.

호기심은 당신을 더 멀리, 그리고 더 넓은 곳으로 모험할 수 있도록 인도할 겁니다.

23

인정을 기다리지 말아요

아직도 누군가가 당신에게 잘하고 있다고 말해주기를 기다리고 있나요?

좋아요, 그렇다면 말해드리지요. 당신은 지금, 정말 잘하고 있어요.

당신은 이미 잘해왔습니다. 계속 그렇게 하세요.

24

긍정의 의식

당신이 좋아하는 다섯 가지 일을 적으세요. '어떤 장소를 방문하고 싶다', '좋아하는 책을 읽겠다' 등 무엇이든 괜찮습니다. 그 목록을 지키기 위해, 누군가와 공유하세요. 그리고 그 사람에게도 그 사람의 목록을 적어보라고 권하세요. 그런 다음, 한 달 동안 당신의 목록에 있는 그 일을 하기 위한 시간을 계획해보세요. 그리고 그달이 끝나갈 무렵, 목록을 공유했던 이들과 당신의 경험을 나누세요. 그리고 다음 달에 하고 싶은 일의 목록을 다시 적으세요.

매달 이렇게 해보세요.

당신이 선택한, 즐거운 일들로 가득한 삶을 즐기면서 말이죠.

25

지금이 유일한 순간이에요

만약 지금이 당신이 가진 유일한 순간이라면 당신은 어떤 다른 일을 할 건가요? 당신이 사랑하는 사람에게 무슨 말을 할 건가요? 어떤 행동을 할 건가요? 만약 지금이 당신에게 주어진 유일한 기회라면 어떤 새로운 일을 시도해볼 건가요?

이제 위 질문에 답했던 대로, 그 말을 하고, 그 일을 하고, 그 생각에 따라 실천하세요.

26

자기 자신을 받아들이는 주문

"나는 지금 내가 있어야 할 바로 그 자리에 있다."

27

긍정 폴더

어두운 시간 속에 있을 때, 우리는 남들이 우리에게 베푼 친절을 잊기 쉽습니다. 우리가 누구인지 잊어버리고 원치 않는 곳으로 가라앉게 됩니다. 바로 이럴 때 '긍정 폴더'가 유용합니다.

폴더를 하나 만드세요. 컴퓨터 폴더도 괜찮고, 종이나 상자로 만든 폴더도 좋아요. 그 속에 카드나 이메일, 친절한 말이 적힌 쪽지나 긍정적인 말이 담긴 메모지 등을 넣으세요. 당신이 좋아하는 펜으로 그 폴더에 '긍정 폴더'라고 이름을 붙여보세요.

그 폴더를 언제든 쉽게 열어볼 수 있도록 당신 가까이에 두세요. 그리고 가능한 한 자주 새로운 내용을 집어넣고, 또 들어 있는 것들을 꺼내어 읽어보세요.

28

사랑에 대한 진리

"사랑으로 충만할 때,
당신은 남들과의 차이를 더 적게 느낍니다.
실제로 다른 사람들을
진심으로 볼 수 있는 능력이
만개하게 되지요."

— 바버라 프레드릭슨, 《사랑 2.0 LOVE 2.0》

29

그냥 벗어나도 좋아요

떠나는 것이 유일한 선택지일 때가 있습니다. 그것이 당신 본연의 모습을 선택하는 길이기 때문입니다. 떠남으로써 어려움을 겪더라도, 진정한 모습을 선택해야 앞으로 나아갈 수 있는 겁니다.

떠나는 것이 유일한 선택지일 때, 용기가 당신과 동행해줄 거예요. 어깨를 펴고 상황을 받아들인 후, 미래를 향해 당당히 걸어 나가세요. 자신의 진정한 모습을 선택할 때 당신은 항상 승리할 겁니다. 이 사실을 진심으로 믿으세요.

30

나에게 쓰는 편지

사랑하는 나에게.

너는 너를 지지해주고, 너의 참된 아름다움을 알아보는 사람들과 함께할 자격이 있어. 너는 진실한 사랑과 순수한 인정, 영원한 인내를 얻을 자격이 있어. 이보다 못한 대우를 받아들이지 마. 나는 네가 필요해.

사랑을 담아, 내가.

31

행복해지는 연습

자신에게 이렇게 물어봐요. “내게 행복은 어떤 의미일까? 일상의 삶에서 어떻게 해야 더욱 행복해질 수 있을까? 어떻게 하면 나 자신을 더 잘 대할 수 있을까?”

이 질문에 대답해보세요. 그런 다음 당신의 삶에 더 많은 행복을 가져오기 위해 무엇을 바꿀 수 있을지 질문해보세요.

작은 변화들이 모여 커다란 변화를 일으킵니다.

한번 시도해보세요. 그리고 매일의 작은 변화가 오래도록 당신의 행복에 어떤 영향을 미치는지 확인하세요. 이런 작은 변화를 기록하는 게 도움이 된다는 생각이 들었다면, 매일의 활동과 당신의 답을 기록하는 행복 일기를 쓰기 시작하세요.

A Year of Positive Thinking

6월

JUNE

1

언제든 되돌아갈 수 있어요

한 방향으로 아주 먼 여정을 걸어왔다고 할지라도, 당신은 언제든 돌아설 수 있습니다.

2

죄책감을 떨치는 주문

“나는 가장 먼저 나 자신을 선택하는 데 죄책감을 느끼지 않겠다. 죄책감은 내게 환영받지 못한다.”

3

늙은 농부 이야기

한 마을에 오래 농사를 지으며 살아온 늙은 농부가 있었습니다. 어느 날, 그의 말이 달아났습니다. 그 소식을 듣고 이웃들이 찾아왔죠.

"정말 불행한 일이네요." 그들은 동정심을 가지고 말했습니다.

"어쩌면요." 농부가 대답했습니다.

다음 날 아침, 그의 말이 다른 세 마리의 야생마와 함께 돌아왔습니다.

"정말 잘됐네요!" 이웃들이 외쳤습니다.

"어쩌면요." 농부가 대답했습니다.

다음 날 농부의 아들이 야생마 중 한 마리를 타보려고 하다가, 말에서 떨어져 다리가 부러졌습니다. 이웃들은 다시 와서 농부의 불운을 동정했습니다.

"어쩌면요." 농부는 이번에도 이렇게 답했습니다.

다음 날 군대 장교들이 젊은이들을 군에 징집하기 위해 마을에 찾아왔습니다. 그들은 농부 아들의 부러진 다리를 보고는 그냥 지나갔습니다. 이웃들은 일이 정말 잘 되었다고 농부를 축하해주었습니다.

농부는 말했습니다. "어쩌면요."

도교道教에서 전해지는 이 이야기는 많은 걸 가르쳐줍니다. 행운과 불운은 늘 관점의 차이에서 비롯된다는 것이죠. 당신은 자신에게 일어난 일을 틀림없는 행운, 혹은 불운으로 여기고 있지 않나요? 아니면 이 농부처럼, 기다리며 지켜볼 수 있을까요?

4

지금 시작해요

중요한 일을 시작하려면 시간이 걸립니다. 하지만 어찌 됐든 언젠가는 시작해야 하죠. 말은 줄이고 행동은 늘려야 합니다. 먼저 작은 걸음을 한 걸음 떼고, 그런 다음 또 한 걸음을 떼세요. 만약 약간의 의지가 있어야 시작할 수 있다면 의지를 갖는 것부터 시작하고, 의지에 실천이 뒤따르게 하세요.

떼야 할 첫 번째 걸음이 무엇이든 더는 기다리지 마세요. 지금 시작하세요.

5

당신의 바람을 결정하는 사람

당신은 무엇을 누리길 바라나요? 당신이 바라는 대상을 크게 소리 내어 말하면 어떤 기분이 드나요? 남들이 어떻게 생각하는지 신경 쓰지 않아도 된다면, 당신은 무엇을 누리고 싶은가요?

이 세 가지 질문에 대한 당신의 대답이 동일한지, 아니면 서로 다른지 잘 살펴보세요. 그리고 당신이 무엇을 바라도 되는지를 결정하는 사람은 바로 당신이라는 점, 그리고 무엇을 결정하든, 당신은 그것을 누릴 가치가 있는 사람이라는 점을 깨닫기 바랍니다.

6

부끄러워하는 연습

수치심은 당신에게 도움이 될 수 있는 중요한 감정입니다. 당신은 무엇이 부끄러운가요? 그 수치심을 부끄러움이 아니라 수용의 강력한 표현으로 바꿀 수는 없나요?

예를 들면, "나는 가난한 환경에서 자란 것이 부끄럽다"라고 하는 대신, "가난 속에서 성장했기에 더 열심히 일해야 한다는 동기를 얻었고, 내가 가진 모든 것에 감사하게 되었다"라고 말하는 겁니다.

수치심을 이런 식으로 바꿀 수 있다면, 우리는 담대하게 계속 나아갈 수 있습니다. 한번 시도해보세요.

7

나를 사랑하는 사람에게 집중하세요

어떤 사람들은 당신을 사랑하지 않을 겁니다. 당신을 사랑하는 사람들에게 에너지를 쏟으세요. 그럴 때, 당신은 훨씬 더 행복한 사람이 될 거예요.

8

'분명함'의 진정한 의미

manifest (분명한 / 형용사)

1. 감각으로, 특히 시각적으로 바로 인식할 수 있는

2. 마음으로 쉽게 이해하거나 알아차릴 수 있는

당신의 생각이 당신의 말이 됩니다. 당신의 말이 당신의 진실이 됩니다. 당신의 생각과 말을 분명하고 지혜롭게 사용하세요.

9

후회하지 말아요

후회한다고 해서 잘못한 일이 바로잡히지는 않습니다. 이럴 때 최선은 그냥 흘려보내는 겁니다.

용서를 선택하고, 천천히, 계속, 앞으로 그리고 위로 나아가세요.

10

사랑의 역할

“사랑은 불꽃이 인 우정입니다.
어느 한순간 뿌리를 내리고 자라버리죠.
사랑은 조용한 이해이자
불완전에 대한 성숙한 수용입니다.
사랑은 절대 당신을 잘못된 방향으로
몰고 가지 않습니다.
사랑은 당신을 더 높은 차원으로
끌어올려 줍니다.
당신을 전보다 더 나은 사람이 되게 해주지요.”

— 앤 랜더스, 〈시카고 트리뷴〉, 1998.4.18.

11

웃음을 지으세요

웃음은 정말로 당신을 더 행복하게 만들어줍니다.

뇌는 우리가 웃을 때 뭔가 긍정적인 일이 일어났다고 여깁니다. 그래서 엔도르핀을 분비해 스트레스 지수를 낮추지요. 별로 신나는 일이 없을 때라도 웃음을 지으면, 좋아하는 뭔가를 경험하고 있다고 뇌가 믿게 만들 수 있습니다. 결과적으로 우리는 더 행복해지게 되는 것이죠.

그러니 단조롭거나, 지루하거나, 심지어 힘든 상황일지라도, 웃음을 지어보세요.

12

지금 이 순간을 살아요

지금 이 순간을 사는 것보다 더 소중한 것은 없습니다. 당신을 둘러싸고 있는 작은 것들에 주의를 기울이고, 현재를 살아가는 장엄함을 경험해보세요.

좀 더 천천히 움직이세요. 작은 미소를 놓치지 마세요. 꽃향기를 맡아보세요. 웃음소리를 들어보세요.

13

허락을 기다리지 말아요

당신 자신이 되기 위해 누군가의 허락을 기다리지 마세요. 당신 외에 그 누구도 그런 권한을 가진 사람은 없습니다.

14

작은 긍정의 힘

미소를 지어요. 친절한 말을 해보세요. 낯선 사람들 속의 선함을 믿으세요. 긍정적으로 생각하세요. 더 좋은 시간이 다가오고 있음을 믿어요. 자신을 위해 뭔가 좋은 일을 해보세요. 다른 사람들이 더욱 대담한 삶을 살 수 있도록 힘을 주세요.

긍정적인 작은 변화들이 행복을 더욱 오래 지속시켜줄 겁니다.

15

내일이면 중요하지 않을 일

오늘, 그리고 지금 이 순간 중요한 듯 보이는 어떤 일이 내일은 더 이상 중요하지 않을지도 모릅니다.

엄청난 걱정을 안겨줬지만, 결국에는 그 문제가 생각보다 훨씬 중요하지 않았던 경험이 있지 않나요? 그런 사례들을 한번 적어보세요. 그리고 이런 제목을 붙여봐요. '실제로는 그렇게 중요하지 않았던 일들'.

어떤 새로운 상황이 당신에게 너무 버겁게 느껴질 때, 그 목록들을 여러 번 들여다보면서 올바른 관점을 가져보세요.

16

두려움을 바꾸는 연습

만일 두려움을 호기심, 흥분, 긍정적인 마음으로 바꿔본다면 어떨까요?

예를 들어 '전에 해본 적이 없어서 시도하기가 두렵다'는 마음을 이렇게 바꾸는 겁니다. '이걸 해보면 어떨지 너무 궁금해. 이제 드디어 시도할 수 있다니 너무 흥분되는군.'

이 간단한 변화로 인한 차이를 알겠나요? 직접 한번 시도해보세요.

17

뒤돌아보지 말아요

과거에 매여 허우적거리지 않도록 주의하세요. 얼마나 왔는지 확인하려는 게 아니면 뒤를 돌아보지 말아요. 경험으로부터 얻은 지혜를 활용하세요. 그리고 가장 커다란 꿈의 길을 따라 차분하게 계속 나아가세요.

18

할 수 있다는 믿음

그가 했는데 당신이 못 할 이유가 뭔가요? 그녀도 했는데 당신은 왜 안 되겠어요?

그들이 해냈다면 당신도 할 수 있습니다.

당신도 할 수 있다는 것을 믿으세요. 그리고 해낼 겁니다.

19

감사 편지의 의식

감사는 다른 사람에게 향할 때 더욱 큰 힘을 얻습니다.

당신에게 긍정적인 영향을 준 사람에게 편지를 써보세요. 어쩌면 그 사람은 당신이 가장 필요로 할 때 당신에게 친절한 말을 해줬을 수도 있고, 당신이 자신을 사랑하지 못할 때 당신에게 사랑을 줬을 수도 있습니다. 그에게 고마워하는 마음을 자세히 적어보세요.

편지를 쓸 때 어떤 느낌이 드나요? 편지를 쓰고 난 후 얼마나 오랫동안 감사의 마음이 지속되나요?

원한다면 편지를 보내세요. 하지만 그냥 가지고 있더라도, 당신은 감사의 힘을 느낄 수 있을 겁니다. 이 편지 쓰기를 매달의 의식으로 정해도 좋아요.

20

자신을 사랑하세요

먼저 자신을 사랑하세요. 그러면 당신이 어떻게 사랑받길 원하는지 남들에게도 가르쳐줄 수 있습니다.

21

빛이 머무는 곳

어둠이 없으면 별을 볼 수 없습니다.

22

삶을 통제하는 주문

"좋든 나쁘든, 내 삶과 감정, 그리고 환경에 책임을 지는 사람은 나 자신이다. 나는 내 주변을 긍정으로 둘러쌀 것이다."

당신 주변에서 일어나는 일에 어쩔 줄 모르겠다면, 이 주문을 통해 인생의 책임이 자신에게 있다는 점을 떠올리세요.

23

하루 다섯 번의 감사

감사는 삶의 고민으로부터 당신을 잠시 한걸음 물러나 있게 해줍니다.

매일 아침, 잠에서 깨면 감사할 것들 다섯 가지를 말해보세요. 침대 옆에 메모해두고, 그 목록을 다른 사람들과도 공유해보세요.

24

계속해서 한 발짝씩 나아가요

계속해서 한 발을 다른 발 앞으로 옮기세요. 당신은 넘어질 수도 있지만 결국에는 앞으로 나아갈 길을 찾게 될 겁니다.

절대 포기하지 마세요. 계속 나아가세요. 계속 움직이세요. 한 걸음을 걷고, 또 다음 걸음을 디뎌요. 그곳에 도착할 때까지요.

25

자신을 용서하는 연습

자신을 용서하세요. 당신이 무엇을 했든 그것은 이미 끝난 것입니다. 특히 당신이 하지 않은 일에 책임을 져야 했던 자신을 용서하세요. 당신은 남의 감정을 좌지우지할 수 없어요. 할 수 있는 최선을 다했던 겁니다.

자신을 용서하고, 계속 나아가세요.

26

여기 있을 권리

당신은 여기에 속해 있습니다.

당신은 사랑받고 있습니다.

당신은 필요한 사람입니다.

당신은 이곳에 속한 사람이에요.

27

감사할 사람들의 이름

자신의 삶에서 가장 중요한 사람들의 이름을 적어보세요. 그리고 그들이 당신에게 왜 중요한지 생각해보고, 그 이유를 그 사람들 이름 아래에 적어봐요.

그런 다음, 시간이 날 때 그들에게 전화를 걸어, 그들이 당신에게 중요한 사람이라는 사실과 그 이유를 얘기해주세요.

이렇게 해보고 난 뒤, 어떤 기분이 드는지 확인해보세요.

28

진정한 행복

진정한 행복은, 당신이 본연의 모습으로 살겠다고 결정한 그 순간 시작됩니다.

불완전한 모습에도 불구하고 자신을 있는 그대로 받아들이기로 한 그 순간, 오랫동안 당신을 기다려온 그 행복을 알아차릴 수 있을 거예요.

29

실수하세요

당신은 인간입니다. 그러니 실수할 겁니다.

부디 당신이 많은 실수를 하길 바랍니다. 그건 당신이 도전하고 있다는 의미이고, 또 무언가에 도전한다는 것은 바로 당신이 살아 있음을 의미하기 때문이죠. 물론 삶을 훨씬 더 흥미진진하게 만들어주기도 하고요.

30

삶에 가장 큰 영향을 주는 사람

당신의 삶을 소중하게 여기세요. 가능성을 믿어요. 자신을 더 사랑하세요. 당신을 신뢰하세요.

당신 삶에 가장 큰 영향을 줄 수 있는 한 사람은, 바로 거울 속에 비친 그 사람입니다.

A Year of Positive Thinking

7월

JULY

1

결정권은 당신에게 있어요

거친 진실에 맞는 삶을 사세요. "너는 할 수 없어"란 말을 들었던 그 모든 일도, 당신은 해낼 수 있다고 온 힘을 다해 스스로에게 일깨워주세요.

당신은 어른이잖아요. 뭘 할지, 어떻게 할지 결정하는 건 당신 몫입니다.

일어서서, 나아가고, 행동하세요.

2

타인을 받아들여요

자신의 독선적인 면을 용기 있게 확인하는 시간을 가져보세요. 당신이 좀 더 다정하고 받아들일 줄 아는 사람이 되지 못하게 방해하는 면 말이에요.

다른 사람들의 이야기를 들으세요. 당신과 생각이 다른 사람들을 이해하려고 노력해봐요. 신념을 바꾸라는 말이 아닙니다. 남들의 신념을 비난하거나 지나치게 자신을 방어하지 말고, 받아들일 줄 알라는 뜻이죠. 모든 사람은 자신의 진정한 모습대로 살 권리가 있습니다. 물론 당신도 포함해서요.

3

꼭 해야 할 일

당신이 꼭 해야 한다고 생각하는 일의 목록을 적어보세요. 너무 쥐어 짜낼 필요는 없어요.

그런 다음 그 일들을 해야 한다고 말한 사람이 누군지, 자신에게 물어보세요.

우리는 종종 스스로 택한 일이 아닌데도, 그 일을 하지 않았다는 이유로 자신을 질책하곤 합니다. 이렇게 생긴 '할 일'은 죄책감이나 의무로 자리 잡지만, 사실은 남들이 우리에게 던져준 믿음의 결과일 뿐이죠.

오늘 당신이 내리는 결정은 당신이 의식적으로 선택한 것, 당신의 삶을 원하는 방향으로 흘러가게 하는 것인가요?

당신의 목록을 다시 살펴보세요. 그리고 당신이 주도하는 삶에 필요치 않다면 X표를 하세요. 그런 다음 심호흡을 하면서, 당신이 원하고 필요로 하는 일을 스스로 결정하는 자유를 만끽하세요.

4

나를 사랑하기 위한 주문

"나는 나를 조건 없이 사랑한다. 그리고 이 세상은 마땅히 그래야 할 모습으로 존재한다."

5

이미 이뤄진 것처럼 말하세요

"말은,
고갈되지 않는 마법의 원천이다."

— J.K. 롤링

당신의 꿈을 큰 소리로 말하세요. 그 꿈이 이뤄진 것처럼 말이죠. 그 꿈이 이뤄질 거라 믿고, 날마다 자신에게 그 꿈을 상기시키세요.

그러면, 당신이 용기 있게 내뱉은 그 결심이 현실이 되는 일에 세상도 동참할 겁니다.

6

원망하지 말아요

원망에는 그 어떤 좋은 영향력도 없어요. 불행하게도, 원망의 가장 파괴적인 힘을 경험하게 될 사람은 원망을 품은 당사자입니다.

모든 힘을 다해 원망이 그냥 떠나가게 하세요.

7

당신은 너무 큰 사람이에요

당신의 경이로움을 너무 작은 상자에 맞추느라 애써 줄이지 마세요.

8

당신의 세상을 선택하세요

"긍정주의는 자기기만의 처방이 아닙니다.
세상은 끔찍하고 잔인한 장소일 수도 있고,
동시에 놀랍고 풍요로운 곳일 수도 있어요.
두 가지가 모두 사실입니다.
어정쩡한 중간지대는 없어요.
둘 중 무엇을 당신의 세상으로 삼을지 선택만이 있을 뿐이죠."

— 소냐 류보머스키, 《하우 투 비 해피》

9

용기를 키워요

두려움은 당신을 불안하게 하고 겁을 줘서 제자리에 머물게 만듭니다.

그렇게 만들도록 내버려 두지 마세요. 계속해서 나아가세요. 한 걸음 또 한 걸음 내디디며 두려움을 넘을 때까지 앞으로 나아가세요.

두려움에 더 자주 도전할수록 더 많이 담대해질 겁니다.

10

당신은 충분한 사람이에요

당신은 지금 이 순간 떠올릴 수 있는 그 누구보다도 더 괜찮은 사람입니다. 당신은 눈부십니다. 오늘의 당신은 어제의 당신보다 더 밝고, 회복탄력성이 더 뛰어난 사람이에요.

지금 당신 모습 그대로도 이미 충분하다는 걸, 자신에게 자주 일깨워 주세요.

11

최고의 자신을 끌어내는 연습

우리는 너무나 많은 시간을 자신의 불완전함에 대해 생각하며 보냅니다. 만일 그 시간을 우리의 진정한 모습, 생각, 비전, 계획을 생각하는 데 사용한다면, 이들이 실현되는 순간이 찾아올 겁니다.

타이머를 설정하고, 20분 동안 당신이 가진 최고의 모습에 대해 적어보세요. 당신의 모든 긍정적인 면을 나열해보세요. 타이머가 울릴 때까지 계속 쓰세요.

타이머가 울리면, 다음 10분 동안은 '인내심' 같은, 당신이 갖길 원하는 특징을 적어보세요. 그런 다음 '나는'을 넣어 크게 말해보세요. "나는 인내심이 있다!"

12

수치심을 이겨내세요

당신이 가장 부끄럽게 생각하는 그 부분은, 회복력과 강인함의 원천이 될 수도 있습니다.

당신은 수치심보다 강합니다. 이 점을 항상 기억하세요.

13

꿈을 멈추지 말아요

세상이 아무리 망가진 듯 보여도, 당신은 계속 더 나은 길을 꿈꾸세요. 당신은 강인한 사람이고, 마음만 있다면 어떤 산의 정상에든 오를 수 있는 영혼을 가졌습니다. 아직 세세하게 그려지지 않는다 해도, 가능성을 믿고 계속 나아가세요. 희망하고 꿈꾸기를 멈춘다면, 어떤 기대가 남을 수 있겠어요?

당신의 희망과 꿈 뒤편에 있는 에너지와 의지는 마법을 일으킵니다. 그 마법이 일어나게 허락하고, 꿈을 현실로 만드세요.

14

경계의 필요성

건강한 경계는 당신을 어떻게 대해야 하는지 사람들에게 가르쳐줍니다.

자신의 욕구를 존중하고, 직관을 믿으세요. 남들로부터 스스로를 가두지 말고, 당신의 울타리를 남들과 나누어 쓰는 걸 두려워하지 말아요.

건강한 관계를 키워감으로써 사람들은 서로를 더 사랑하고 지지하면서, 각자에게 더 많은 도움이 될 수 있습니다.

15

아름다움을 선택하세요

삶의 아름다운 면에 집중하세요. 그러면 삶의 아름다움을 더 자주 경험하게 될 겁니다. 추한 면에 대해서도 마찬가지고요.

16

오직 하나뿐인 당신

정확하게 당신이 되세요. 당신을 남과 다르게 만드는 그 점이 당신을 멋진 사람으로 만듭니다.

이 세상에 필요한 건 남들과 똑같이 생각하고 행동하는 또 한 명이 아닙니다. 아이디어, 받아들임, 그리고 진정한 내면의 깊은 아름다움은 모두 고유성固有性에서 비롯되는 거예요.

남들로부터 구별되기 위해 필요한 자신감을 갈고 닦으세요. 그러면 매일 더욱 진정한 자신의 모습으로 변화해갈 겁니다.

17

있는 그대로 느끼세요

당신이 느끼는 대로 슬퍼하세요. 슬픔을 느끼는 방법에는 단 하나의 길만 있는 게 아니니까요.

당신의 감정대로 느끼세요. 슬퍼하고, 분노하고, 마음 아파하세요. 울거나, 울음을 참으세요. 하지만 심호흡하면서 당신을 무릎 꿇게 했던 그 사랑, 당신의 마음을 열어줬던 그 미소, 그리고 웃음과 기쁨의 순간들 또한 기억하세요. 슬픔 속에서 행복을 찾아보면, 힘든 순간을 조금은 더 수월히 견딜 수 있죠.

지금까지 필요했던 것보다 더 많은 사랑을 자신에게 보여주고, 마음이 가는 대로 느끼세요.

18

용감하게 진실을 말하세요

오직 당신만이 이야기해줄 수 있는 그 말을 필요로 하는 사람이 있습니다. 용기 있게 당신의 믿음을 사람들과 나누세요. 크게 이야기하세요.

당신이 자신의 진실을 말한다는 건, 남들 역시 그들의 진실을 말할 수 있도록 하나의 예를 보여주는 셈입니다.

19

이제는 떠나보낼 때예요

너무 오랫동안 가지고 있었던 그것을, 이제는 떠나보내세요. 마음의 문을 닫게 했던 그 감정, 자신을 잃어버린 채로 살게 했던 그 직업, 그리고 당신의 가장 좋은 모습을 인정하지 않는 그 사람을 떠나보내세요. 당신이 마지못해 붙들고 있어야 했던 그것이 무엇이든 간에, 이제는 떠나보내세요. 떠나보내는 것이 단지 새로운 길을 향해 첫걸음을 떼는 일에 불과하다고 해도, 그렇게 하세요. 떠나보낸다는 건 각자에게 서로 다른 모습일 수도 있어요. 그리고 그건 하나의 과정입니다.

뭘 떠나보내야 할지 모르겠다고요? 길게 심호흡을 하고 거울을 똑바로 들여다봐요. 그리고 자신에게 물어보세요. 자신의 모습을 보면서 이야기하면, 우리의 무의식 속에 숨어 있는 것이 떠오르니까요.

20

멋진 인생을 사는 법

기쁨을 선택하세요. 사랑을 연습하세요. 다른 사람을 인정하세요. 친절을 베푸세요. 존중을 보여주세요. 자신을 사랑하세요.

그런 다음, 이것들을 다시 반복해요.

21

두려움을 떠나보내는 연습

두려움은 당신의 가장 멋진 능력이 드러나는 걸 방해합니다. 두려움이 당신을 에워싸도록 내버려 두지 말고, 그것을 발판 삼아 미지의 세상으로 나아가세요.

판단부터 하지 말고, 당신이 두려워하는 모든 것을 적어보세요. 별로 두렵지 않은 것부터 당신이 가장 두려워하는 것까지, 전부 적어요.

그중 다섯 가지를 골라 각각의 두려움을 떠나보낼 수 있는 '2단계 행동 수칙'들을 정해보세요.

그리고 필요한 만큼 이 과정을 반복하는 겁니다.

22

당신은 혼자가 아니에요

가장 어두운 순간에 놓여 있을 때도 당신은 혼자가 아니라는 점을 알아야 합니다. 당신은 절대 혼자가 아니에요. 당신은 사랑받고 있으며, 늘 사랑받아왔지요.

당신은 필요한 사람입니다. 당신은 이곳에 있어야 할 이유가 있는 사람입니다. 당신은 중요한 사람이에요.

23

불가능을 실천하기 위한 주문

당신의 믿음대로 실천하기는 어렵다고 느껴질 때가 있죠. 한 걸음조차 떼기 힘든 그런 순간이 있어요.

먼저 자신을 기다려주세요. 그리고 충분히 준비됐을 때 자신에게 알려줘요. 당신이 할 수 있다고 말해줄 수 있는 사람은, 오직 당신뿐이라는 사실을요.

하루 내내 아래 주문을 말해보세요. 가능한 한 자주 말하고, 매일 떠올릴 수 있도록 집 안 전체에 메모로 붙여놓아요.

"나는 놀랍도록 강한 사람이다. 나는 이것을 할 수 있다. 나는 이것을 해낼 것이다."

24

생각하는 대신 깨달으세요

만약 당신이 할 수 있다고 생각한다면, 어쩌면 할 수 있을지도 모릅니다.

그런데 만약 당신이 할 수 있다는 것을 깨닫는다면, 당신은 해낼 거예요.

25

불안감을 자신감으로 바꿔요

당신이 완벽한 롤모델로 삼은 사람도, 다른 누군가를 롤모델로 삼고 있을 겁니다. 누구나 불안감을 갖고 있습니다. 누구도 완벽하지 않아요. 하지만 이 말이 당신을 조건 없이 있는 그대로 받아들이지 말라는 뜻은 아닙니다.

사람이니까 불안한 거예요. 하지만 받아들이는 순간, 불안감은 자신감으로 바뀌지요.

26

경이로움을 향해 마음을 열어요

세상은 경이로움과 아름다움으로 가득 차 있습니다.

평범함에 놀라워하고, 표면적인 것 이면의 경이로움을 응시하세요. 신선한 관점과 새로운 아이디어에 열린 마음과 호기심을 가지세요. 다른 사람들로부터 배우고 시야를 넓히세요.

당신의 마음을 경이로움을 향해 활짝 열고, 확장하고, 발견하고, 계속 발전해나가세요.

27

사랑을 놓지 말아요

사랑을 절대 포기하지 마세요.

사랑이 늘 완벽하지만은 않습니다. 당신은 자주, 또는 간혹 완벽한 사랑을 경험할 수도 있을 겁니다. 하지만 그 때문에 당신이 다시 사랑하는 일을 포기하는 경우가 결코 없도록 하세요.

28

용기의 중요성

"인생은 그 사람의 용기에 비례해
줄어들거나 확장된다."

— 아나이스 닌

29

꿈을 잊지 말아요

당신의 꿈이 꽃피게 하세요. 그리고 꿈으로 가는 길을 막지 말아요.

자신에게 이 말을 반복하세요. "오늘은 나에게 꿈꿀 권리를 허락하겠어."

30

걱정은 아무것도 바꾸지 못해요

깊이 아끼는 대상을 걱정하는 건 인간의 자연스러운 모습입니다. 하지만 그저 걱정만 하고 있으면 아무것도 바뀌지 않습니다. 돌아오는 건 결국 잠 못 이루는 무수한 밤과 산산이 흩어진 생각들, 그리고 완전히 무너져 내린 마음뿐이죠.

당신의 걱정을 좋은 방향으로 돌릴 방법을 생각해보세요. 당신이 걱정하는 대상을 어떻게 도울 수 있을까요? 당신의 잠을 설치게 만드는 무거운 짐을 누가 덜어줄 수 있을까요?

당신이 통제할 수 없는 걸 바꿀 수는 없지만, 당신이 바꿀 수 있는 일을 곧바로 실천하면 마음이 훨씬 편안해질 겁니다. 기억하세요. 행동은 변화를 일으킬 수 있지만, 단지 걱정만 하고 있으면 고통이 더 커질 뿐이라는 걸요.

31

친절이 넘쳐흐르는 곳

세상은 친절로 가득합니다. 찾아보면 어디서든 발견할 수 있을 거예요.

A Year of Positive Thinking

8월

AUGUST

1

받아들이거나 놓아주세요

당신이 영향을 미칠 수 있는 것은 받아들이고, 당신이 변화시킬 수 없는 것은 놓아주세요.

2

정직한 관계를 키워요

주변 사람들과 관심사나 성격을 일치시킬 필요는 없습니다. 마음으로 그들과 진실하게 연결되고, 그 연결을 소중히 여기는 게 중요하죠.

당신을 자신만의 안전지대로부터 나오도록 만드는 관계를 지속하세요. 그들은 당신이 성장할 수 있게 지지해줄 겁니다. 그런 우정을 잘 키우세요. 당신의 예상보다 더 많은 기쁨과 사랑, 연결성을 선사할 겁니다. 진실함으로 다져진 관계는 인생에서 가장 힘든 시간도, 또 가장 멋진 시간도 잘 지나가도록 도와주지요. 그런 사람들을 위한 공간을 항상 만들어두세요.

3

항상 행복을 선택하세요

매일 그리고 매 순간, 당신에게는 절망이 아닌 행복을 선택할 수 있는 기회가 주어집니다. 행복을 선택하세요.

4

아름다운 삶

가장 아름다운 인생은 당신이 자신을 위해 선택한 삶입니다. 시간을 어떻게 보낼지 결정하고, 결정한 대로 실천하세요.

설령 삶이 계획대로 흘러가지 않더라도, 당신은 자신에게 맞는 삶을 선택했다는 점을 떠올리세요. 그리고 아름다운 삶이 꼭 완벽해야 하는 것은 아님을 기억하세요.

5

인생의 마법에 마음을 열어요

삶은 당신이 그렇게 만들지 않는 한, 결코 지루하지 않습니다.

폭풍우가 지난 후 거리 위에 놓이는 무지개, 오랫동안 연락이 닿지 않았던 친구와의 우연한 마주침, 완전히 낯선 사람이 보내는 미소에 이르기까지, 인생의 마법은 어디에나 존재합니다. 당신이 마음에 떠올린 사람이 불현듯 연락을 해오거나, 필요한 순간에 가장 알맞은 단어가 떠올랐던 때가 얼마나 자주 있었는지 생각해보세요.

이런 마법은 못 보고 지나치기 쉽지요. 그 순간을 알아차리는 연습을 하세요. 주변에서 일어나는 의미 있는 우연과 마법을 충분히 감상할 수 있도록, 마음을 열고 눈을 크게 뜨세요.

6

당신은 고장 나지 않았어요

당신은 수리할 필요가 없습니다. 또 다른 누군가가 완벽하게 생각하는 모습이 되려고 애쓸 필요도 없어요. 당신은 인간으로서 인생의 최고의 순간도, 또 최악의 순간도 경험하는 것뿐입니다. 자신이 고장 나지 않았다는 걸 이해하세요.

때로는 어딘가 깨진 듯한 느낌이 들 때도, 상상 이상으로 잘하고 있다는 느낌이 들 때도 있을 겁니다. 하지만 어떻든지, 당신은 탁월하고 완벽한 사람입니다. 강하기도 하고 약하기도 한, 살아 있는 존재예요.

당신은 고장 나지 않았습니다. 당신은 특별한 존재예요.

7

특별한 단순함

"단순한 것이 또한 가장 특별한 것이며,
오직 지혜로운 자의 눈에만 보인다."

— 파울로 코엘료

8

자신에게 친절하게 대하는 연습

자신을 특별하게 대접하세요. 좋은 음식을 먹고, 충분한 휴식을 취하세요. 좀 더 천천히 움직이세요. 친절하게 대하세요.

10분 정도 시간을 내어 자신에게 보내는 친절한 말들을 적어보고, 그 메모들을 예상치 못할 만한 곳에 두세요. 이를테면 지갑이나, 욕실 수납장, 혹은 당신이 좋아하는 머그잔 같은 곳에요. 나중에 그 메모를 발견하면, 당신이 진정 얼마나 특별한 사람인지 새삼 떠올릴 수 있도록 말입니다.

9

당신의 바람을 이루세요

당신이 주변에서 일어나길 원하는 변화를 실제로 구현시켜보세요.

10

인생의 관점을 얻는 연습

미래의 당신에게 편지를 써보세요. 미래의 당신에게 오늘의 당신에 대해 말해주세요. 당신이 뭘 가장 두려워하는지, 무엇을 믿는지 이야기해주세요. 당신의 목표는 무엇인지, 당신이 지금보다 더 잘하고 싶은 것은 무엇인지 당신에게 조언을 해주고, 삶의 교훈을 함께 나누세요.

이제 편지를 밀봉하고 안전한 장소에 보관하세요. 오늘로부터 1년에서 3년 사이의 어느 날을 정해서, 당신 자신에게 보낸 그 편지를 받아볼 날을 달력에 표시해두세요.

몇 년 후 그 편지를 연 당신은, 시간이 흘러야만 얻을 수 있는 관점을 발견하게 될 겁니다.

11

치유에 필요한 믿음

오직 시간만이 치유해줍니다. 시간이 흐르더라도, 늘 우리가 원하는 대로 치유되는 건 아닙니다. 하지만 필요한 만큼은 치유될 겁니다.

괜찮아질 거라고 믿으세요. 오늘의 괜찮음이 예전에 생각했던 괜찮음과는 다르다고 해도 말이에요.

12

모든 감정을 느끼세요

당신의 감정대로 느끼세요. 모든 슬픔의 순간에 행복해지려고 애쓰지 마세요. 행복은 큰 힘을 지닌 감정입니다. 하지만 행복이 지속되기 위해서는 행복이 자라날 공간이 필요하지요. 슬픔에서 벗어나 다른 감정을 갖기 위해서도, 슬픔이 물러나고 다른 감정이 찾아올 여유가 필요합니다.

자신에게 동정심을 가지고, 온갖 감정을 느낄 수 있도록 허락하세요. 그 어떤 감정이라도 결국은 지나갈 것임을 기억하세요. 그리고 준비가 되면 당신이 다시 우아하게 나아갈 수 있다는 걸 믿으세요.

13

필요하지 않다면 떠나보내요

이제 당신에게 더 이상 필요하지 않은 과거의 것들은 놓아주세요. 당신에게 필요치 않은 과거의 사람들, 소유물, 생각을 기꺼이 보내주세요. 그래야 진정한 사랑을 찾고, 정직한 관계를 얻고, 특별하고 충만한 삶을 살 수 있으니까요.

14

일어나세요

곧게, 당당하게 일어나세요.

세상이 당신을 기다리고 있어요.

15

아름다움이 있는 곳

"언제나 일출이 있고 일몰이 있다.
그 자리에 있을지 선택하는 건 당신이다.
아름다움이 있는 곳을 선택하라."

— 셰릴 스트레이드, 《와일드》

16

만족을 선택하세요

자족自足은 힘든 하루가 끝난 뒤 만나는 포옹과 같습니다. 깊게 숨을 들이쉬면, 주변 모든 게 사라지지요. 가진 게 충분하다고 여길 때 얻는 만족감, 기쁨, 편안함입니다.

한 가지 주의사항이 있다면, 자족이 가능한지 결정하는 사람은 오로지 당신뿐이라는 겁니다.

17

당신의 삶을 만드는 건 당신이에요

삶은 정확하게 당신이 만든 모습으로 나타납니다.

당신은 삶을 어떻게 만들어가고 있나요? 변화를 주고 싶은 부분이 있나요? 만약 그렇다면, 그것은 어떤 부분인가요? 그리고 그 변화의 방향으로 가기 위해 당신은 어떤 걸음을 내디뎌야 하나요?

18

자존감을 위한 주문

"나는 강하다. 나는 훌륭하다. 나는 특별하며, 이 세상이 주는 모든 좋은 것들을 누릴 자격이 있다."

19

수치심

"수치심이란,
누군가가 당신에 대해
당신에게 뱉은 거짓말이다."

— 아나이스 닌

20

꿈은 준비돼 있어요

그동안 겪은 모든 어려움으로부터 얻은 교훈이, 당신을 지금 그 자리에 있게 만들었습니다. 당신은 여기에 있기로 예정돼 있었어요.

현재와 미래에 필요한 모든 것을 당신은 이미 가졌습니다. 꿈을 이루기 위해 필요한 요소 중 남은 건 오직 당신 자신뿐이죠.

이제, 당신이 항상 원해왔던 목표를 향해 뛰어올라 크게 소리칠 때입니다.

21

나에게 주는 가장 멋진 선물

사람들이 당신을 좋아하지 않는다고 해도 괜찮습니다. 당신이 당신을 좋아하니까요. 그리고 그것이, 자신에게 줄 수 있는 가장 멋진 선물입니다.

22

올라갈 일만 남았어요

당신이 그 어느 때보다도 높이 올라가기 전에 반드시 도착해야 하는 곳은, 바로 바닥입니다.

23

자신을 이해하는 연습

당신은 지금 어떤 말을 듣고 싶은가요? 그 말을 적어보세요.

당신은 자신의 어떤 점을 좋아하나요? 그 점을 적어보세요.

당신이 극복한 도전으로부터 배운 교훈은 무엇인가요?

계속 적어보세요. 당신은 어떤 순간에도 자신에게 필요한 걸 줄 수 있는 능력을 갖췄습니다. 당신의 회복력, 위대함, 권력을 자신에게 일깨워주세요. 당신의 탁월함에 대해 당신만큼 잘 알려줄 수 있는 사람은 없습니다.

24

고난의 필요성

편안하진 않겠지만, 고난도 당신에게 회복력과 용기를 가르쳐줍니다. 고난은 당신에게 가장 중요한 것에 집중하고, 그렇지 않은 것은 포기해야 한다는 점을 알려주지요. 고난은 인간이 너무 멀리, 너무 빠르게 날다가 태양에 그을리지 않도록 막아줍니다.

삶의 진정한 아름다움을 느끼기 위해서는 고난이 주는 균형감을 통해 더 강해질 필요가 있습니다. 그럼으로써 더욱 의미 있는 인생을 살 수 있게 될 거예요.

25

새로운 시작

모든 새로운 시작은, 다른 무언가의 끝에서 비롯됩니다. 자연스러운 썰물이자 인생의 흐름이고, 행복이 대개 슬픔의 한쪽 끝에 놓여 있음을 받아들이도록 만들죠. 당신이 허락하기만 한다면 새롭게 시작할 기회가 늘 있다는 점도 잊지 말아요.

26

자신이 누구인지 말하세요

당신 외에 그 누구도, 당신에게 어떤 능력이 있는지 결정할 수 있는 사람은 없습니다.

무대 중심에 서서 스포트라이트를 받으세요. 남들의 모범이 되세요. 당신이 자랑스럽게 여기는 일을 해요. 밝게 빛나세요. 그리고 어떻게 이뤘는지 용기 있게 보여주세요. 힘 있고, 능력 있는 자신을 세상에 드러내겠다고 결심하세요.

27

자기 연민의 힘

"동정심을 갖는다는 건
자기 자신의 원치 않는 부분,
쳐다보기도 싫은 자신의 불완전함에 대해
연민하는 데서 시작되고 끝난다.
동정심은 자기계발 프로젝트도,
삶에서 지키며 살고자 하는
이상理想도 아니다."

— 페마 초드론, 《모든 것이 산산이 무너질 때》

28

춤추며 행복해지는 연습

당신을 정말 행복하게 만드는 노래 다섯 곡을 적어보세요. 그 노래들이 어떤지 평가하려고 하지 말아요. 그냥 그 노래 제목을 적으면 됩니다. 일주일에 10분만 시간을 내어 그 노래에 맞춰 춤을 추세요. 누군가 당신을 볼 거라는 걱정은 잊어버려요. 엉덩이를 움직이고 웃으며 춤춰요.

한번 해보세요. 그리고 어떤 기분이 드는지 확인해보세요.

춤추는 동시에 불행을 느끼기란 아주 힘든 일입니다. 제가 장담할게요.

29

시도는 완벽을 바라지 않아요

새로운 일을 시도해보고 기꺼이 실패해보세요. 결과에 대해 걱정하지 마세요. 그냥 노력하기만 하면 됩니다. 기대는 내려놓으세요. 일어나야만 하는 일이라면 일어나게 마련이에요. 당신의 믿음을 시험해보세요. 어렵게 느껴지는 일을 해봐요.

당신이 마법을 일으키는 유일한 방법은, 그곳으로 이어지는 몇 갈래 길을 기꺼이 걸어보는 것뿐입니다.

30

후회는 필요치 않아요

후회는 평생 당신에게 도움이 되지 않습니다.

더 많이 입 맞추고 진심으로 사랑하세요. 설령 깨질 수 있다고 해도 말이에요. 마음이 아파도 용서하세요. 내려놓고 계속 나아가세요. 걱정은 덜 하고, 여행은 더 많이 하세요. 사랑하는 사람들과 더 많은 시간을 보내고, 그렇지 않은 사람들과 함께하는 시간은 줄이세요. 너무 애써 일하지 마세요. 당신만을 위한 시간을 내봐요.

무엇보다 당신이 자랑스러워할 만한 삶을 살고, 모든 후회는 떠나보내세요.

31

산산이 부서져도 괜찮아요

더욱더 단단하게 다지기 위해 우리는 때로 산산이 부서져야만 합니다. 당신이 원하는 사람이 되고 자랑스러워할 만한 삶을 살기로 결정하는 데 너무 늦은 때란 없습니다. 처음부터 다시 시작해야 한다고 해도 말이죠.

언제든지 다시 시작할 수 있어요.

A Year of Positive Thinking

9월

SEPTEMBER

1

풍요를 부르는 주문

"나는 재정적으로, 정서적으로, 육체적으로 필요한 모든 것을 가졌다. 내게서는 풍요와 행복이 넘쳐흐른다."

2

긍정적으로 생각하는 연습

모든 경험에서 최대한 장점만을 찾아보세요. 모든 어려움 속에서 교훈을 찾아봐요. 승리를 축하하세요. 밝은 면을 바라보세요. 긍정적인 환경에서 긍정적인 사람들과 함께하세요.

낙관주의자가 되는 데도 연습이 필요해요. 항상 긍정적일 수는 없더라도, 긍정적으로 생각하는 연습을 하면 할수록, 낙관주의는 당신의 제2의 천성이 될 겁니다.

3

자신감을 키우는 연습

겸손하려고 노력하는 건 좋지만, 그러다가 자칫 자신이 얼마나 특별한 사람인지 잊어버리기 쉽지요.

당신의 가장 멋진 특징을 죽 적어보세요. 마음껏 자신을 칭찬하세요. 자랑하며 떠벌려요. 당신이 늘 겸손해야만 하는 것은 아닙니다. 당신의 능력과 긍정적인 점을 자신에게 상기시켜주세요. 그건 오만이 아니라 자신에게 용기를 불어넣는 행동이에요.

그다음 각 특징 앞에 '나는'을 붙여 문장을 만들어봐요. '나는 놀랍도록 관대한 사람이다.' '나는 아름답다.' '나는 훌륭한 부모다.' '나는 충실한 친구다.'

자신에게 이 문장들을 크게 읽어주고, 그 목소리를 녹음하세요. 그리고 필요할 때마다 틀어놓고, 자신이 얼마나 빛나는 사람인지 일깨워주세요.

4

시작할 준비

당신은 어쩌면 영원히 준비되지 않을지도 모릅니다. 하지만 그것이 시작하지 않아도 좋을 만한 이유가 될 수는 없어요.

5

도전해서 얻어지는 것들을 생각해요

좋게든 나쁘게든, 인생은 늘 계획대로만 흘러가진 않습니다. 도전을 경험할 때, 가장 안 좋은 시나리오를 떠올리기보다는 그 경험에서 뭘 배울 수 있을지 자신에게 질문해보세요. 이 도전 속에서 무엇이 당신을 더 강하고, 더 사랑하며, 더 공감할 수 있는 사람이 되도록 만드나요? 잘 생각해보고 떠오르는 답을 노트에 적어보세요.

원하는 답을 늘 찾을 수는 없겠지만, 처음엔 어렵게만 보였던 상황이 꼭 부정적이지만은 않다는 사실을 알아차리게 될 겁니다.

6

긍정을 선택하는 연습

"삶은 단순하다.
모든 일은 당신을 위해서 일어나는 것이지,
당신에게 일어나는 것이 아니다."

— 바이런 케이티, 《기쁨의 천 가지 이름》

삶에서 일어나는 모든 일이 당신에게 맞서서 일어나는 게 아니라, 당신을 위해서 일어난다고 생각하면 어떨까요? 그러면 당신의 행동이 바뀔까요? 어떻게요? 왜 그렇죠?

긍정을 선택하면 당신에게 일어난 결과가 좋든 나쁘든 상관없이, 그 결과를 신뢰할 수 있게 됩니다.

7

이미 끝난 일이에요

어제는 끝났습니다. 어제 한 말은 이미 입 밖에 나왔고, 어제 한 행동은 이미 취해졌으며, 어제의 감정은 이미 느껴진 뒤예요.

용서하세요. 그리고 어제로부터 배운 지혜를 바탕으로, 담대하게 앞으로 나아가세요.

8

낙관주의를 위한 주문

"모든 일은 항상 잘될 것이다. 아직 방법은 정확히 모르지만, 모든 일이 결국 최선의 방식으로 진행될 거라는 사실을 나는 안다."

9

과감히 드러내세요

당당하게 서서 세상에 당신을 보여주세요. 당신의 가장 솔직한 자아는 틀에 맞추기를 원하지 않습니다. 그 자아는 거칠고, 예측할 수 없고, 특별한 존재입니다. 당신의 그 모습을 잘 간직하세요. 당신에 걸맞은 수용과 존중을 자신에게 보여주세요. 그리고 다른 사람들에게도 같은 기준으로 대하세요. 자신의 진정한 모습을 드러내는 걸 후회하지 않으려면 용기가 필요하죠. 용기를 내서 어떻게든 해내세요.

결점을 비롯한 당신의 전부를 온전히 받아주는 사람들과 함께하면 더욱 힘이 될 거예요. 그들은 머리를 높이 치켜들고 당당하게 서 있으며, 자신들이 누군지를 알고 그 모습을 늘 유지하죠. 이제 당신도 그렇게 할 차례입니다.

당신은 정말 어떤 사람인가요? 자신의 모습 중에서 부끄럽거나 당황스럽거나 비난을 받을까 두려워서 남들로부터 숨기는 게 있나요? 직접 자세히 적어보세요. 용기를 내어 그 내용을 남들과 나눔으로써 자신이 누군지를 밝혀보세요.

과감하게 가장 진실한 자신의 모습이 되세요. 그리고 남들도 그렇게 할 수 있게 도와줘요. 자기 수용과 자기 사랑에서 비롯되는 자유를 누리세요. 당신은 그럴 가치가 있는 사람이니까요.

10

자격이 있는 사람

당신은 미소 지을 자격이 있습니다. 당신은 웃을 자격이 있습니다. 당신은 사랑할 자격이 있습니다. 당신은 행복을 경험할 자격이 있습니다.

세상이 주는 모든 좋은 것을, 당신은 누릴 자격이 있습니다.

11

모든 것은 순간일 뿐이에요

가을은 겨울로 바뀝니다. 젊은이는 노인이 됩니다. 애벌레는 나비로 변합니다. 이것이 삶이에요. 모든 것은 바뀌기 마련이죠. 그리고 모든 경험은 일시적이고요.

개인의 삶이든, 무리의 일부로 누리는 삶이든, 순간을 즐기세요. 너무 매달리는 건 피하세요. 변화가 찾아오면 우아하게 보내주세요. 변화는 반드시 찾아올 테니까요. 그리고 당신 역시 바뀌게 될 테지만, 당신은 언제나 괜찮을 겁니다.

12

자신과의 대화가 지닌 힘

당신이 하는 대화 중 가장 중요한 건 자신과의 대화입니다. 자신에게 하는 말이 곧 당신의 진실이 되지요.

자기를 자주 칭찬해주고, 당신이 거둔 성공을 다른 사람들과 나누세요. 자신에게 인내심과 용서와 사랑을 갖고 이야기하세요. 겸손과 긍지는 서로 부딪치는 게 아닙니다. 겸손하면서도 자신의 성취를 충분히 자랑스러워할 수 있어요.

당신이 마음속으로 자신에게 하는 말은, 당신의 외적인 경험에도 영향을 줍니다. 자신에게 친절한 말을 건네세요. 왜냐하면, 그 말은 놀라울 만큼 큰 힘을 지녔기 때문입니다.

13

대답을 얻게 될 거예요

당신은 꽉 막힌 상황에 있는 게 아녜요. 단지 일시적으로 해결책을 모를 뿐이죠. 꽉 막힌 듯한 기분이 들면 희망을 잃고 어쩔 줄 모르게 됩니다. 하지만 희망을 가져요. 적절한 때가 오면 해결책을 알게 될 겁니다.

기다리세요. 그리고 답을 알게 될 거라는 걸 믿어요. 항상 그래왔으니까요.

14

새롭게 시작하세요

당신의 과거는 지나갔습니다. 당신이 너무 오랫동안 꼭 붙들고 있는 무언가를 보낼 때가 되었다면 떠나보내세요. 최선을 다해 떠나보내고, 새롭게 시작하세요. 얼마나 흥분되는 일인가요? 당신이 어떤 길을 택하든, 다시 시작할 수 있잖아요.

이 생각을 즐기세요. 그런 다음, 당신의 찬란하고 완전히 새로운 시작을 위해 에너지를 준비하세요.

15

분노는 너무 무거운 짐이에요

분노는 당신을 지치게 만들고, 뒤에 남은 더 멋진 날들을 보지 못하게 만드는 무거운 짐입니다. 분노를 움켜쥐고 있기란 너무나 어려운 일이에요. 또 분노를 지고 간다면 당신은 더 이상 행복해질 수 없죠.

할 수 있는 곳에서부터 변화를 시작하세요. 고칠 수 있는 잘못은 모두 고쳐요. 하지만 분노는 내려놓고, 만족과 마음의 평화, 미래를 위한 희망을 선택하세요.

16

아니라고 말해야 하는 이유

틀린 것에 '아니다'라고 할 수 있어야, 옳은 것에 '맞다'고 할 수 있습니다.

17

다시 완전해질 거예요

힘든 시간이 찾아올 겁니다. 하지만 그 시간도 지나갈 거예요.

때로 당신은 무너질 수도 있어요. 사람이니까요. 그럴 때는 슬퍼하고, 울고, 당신이 느끼는 감정을 모두 표현하세요.

그런 다음 당신이 준비된다면, 다시금 완전해질 수 있다는 점을 자신에게 일깨워주세요. 분명 그럴 테니까요.

18

당신은 중요한 사람이에요

당신의 말은 잘 들립니다. 당신의 말을 누구도 인정하지 않아도 말이지요. 당신의 목소리가 가장 크지는 않더라도, 당신은 중요합니다. 당신이 알아차리지 못할 때도 사람들은 당신을 보고 있습니다.

당신은 정말 중요한 사람입니다. 당신은 투명인간이 아니에요.

19
고난을 견뎌낼 수 있는 사람

고난의 시간이 당신을 규정하지는 않습니다. 물론 당신을 더 강인하게 만들고 당신의 회복력을 단련시켜주지요.

최악의 상황에도 솟아날 구멍은 늘 있지만, 우선 당신이 그 고난을 견뎌낼 수 있는 사람이라고 마음먹어야 합니다. 그럴 때, 당신은 '고난에도 불구하고'가 아니라 '고난 덕분에' 더 현명하고 자신을 더 잘 아는 사람이 될 거예요. 또 당신이 겪은 그 어떤 고난보다 당신이 훨씬 더 강하다는 점도 배우게 될 겁니다.

20

실수가 당신을 만들어요

"당신이 실수를 만드는 것이 아닙니다.
실수가 당신을 만듭니다.
실수가 당신을 더 현명하게 만듭니다.
실수가 당신을 더 강하게 만들고,
당신을 더 독립적인 사람으로 만듭니다."

— 셜리 맥클레인, 영화 〈내가 죽기 전에 가장 듣고 싶은 말〉

실수 때문에 두려움 속에서 살지 말아요. 교훈을 얻고, 그 실수로 인해 새롭게 생긴 기회를 붙잡으세요. 그리고 우아하게 계속 나아가세요. 성장은 그렇게 하는 겁니다.

21

항복을 허락하세요

때로는 단순히 항복하는 것이 가장 좋은 선택지일 때가 있습니다. 옳은 사람이 되는 것보다 마음의 평화가 더 중요할 때, 상황을 있는 그대로 받아들이는 게 당신의 마음을 부드럽게 하는 유일한 방법일 때 말이에요.

항복이 최선의 선택이라고 느껴진다면, 아마 그 느낌이 맞을 겁니다.

22

희망을 찾아요

치유하는 과정 속에서 희망을 찾아요. 상처받은 곳이 마음이든 영혼이든, 치유되는 곳에는 언제나 희망이 있습니다.

23

주의하세요

"생각을 주의하세요.
그것이 당신의 말이 됩니다.
말을 주의하세요.
그것이 당신의 행동이 됩니다.
행동을 주의하세요.
그것이 당신의 성격이 됩니다.
성격을 주의하세요.
그것이 당신의 운명이 될 테니까요."

— 프랭크 아웃로, 바이-로Bi-Lo 슈퍼마켓 체인 설립자

24

숨 쉬는 연습

호흡하는 능력이 우리를 살아가게 합니다. 그런데 너무나 당연하다고 생각되는 탓에 우리는 호흡의 힘을 잊어버리고 살지요.

자주 심호흡을 하세요. 걱정이 되거나, 화가 나거나, 아니면 그냥 기분이 별로 안 좋을 때도, 당신을 차분하게 만들어주는 심호흡의 기술을 사용해봐요.

우선 숨을 깊이 들이마셨다가 깊이 내쉬어요. 그다음 숨을 깊이 들이마신 채 밝게 빛나는 공이 당신의 척추를 따라 올라가는 모습을 상상해봐요. 편하게 2초가량 숨을 참으세요. 그랬다가 숨을 내쉬면서, 그 빛나는 공이 당신의 척추를 따라 내려가는 이미지를 머릿속에 그려보세요. 이 과정을 열 번 반복하세요. 반복할 때마다 호흡의 간격을 약간씩 더 늘려보고, 심호흡한 다음에 어떤 차이가 느껴지는지를 살펴보세요.

이 연습을 하면서 불편함이 느껴지면 안 됩니다. 만약 길게 숨을 참기가 힘들다면, 그렇게 하지 말아요. 그 대신 평소와 같이 호흡하면서 위에 말한 대로 빛나는 공을 머릿속에 떠올려보세요. 그러면 자연스럽게 호흡이 점차 길어질 겁니다.

25

삶의 우선순위

"당신이 자기 삶의 우선순위를 정하지 않으면
다른 누군가가 대신 정할 것이다."

— 그렉 맥커운, 《에센셜리즘》

가장 중요한 일을 최우선으로 실천하세요. 삶의 매 순간을 어떻게 보내고 싶은지 결정하세요.

아이들에게 뽀뽀해주고, 친구들을 사랑하고, 낯선 사람에게 친절하게 말하고, 사랑하는 사람과 손을 잡고 산책하세요.

만약 당신에게 남은 날이 오늘 하루뿐이라면, 이런 일들이 기억에 남을 거예요.

26

너무 진지하게 굴지 말아요

눈물 날 정도로 배꼽 잡는 웃음이 어떤 느낌인지 잊어버릴 정도로 너무 진지하게 굴지 말아요.

침대를 정리하지 말고 내버려 둔 채 놀러 가세요. 그림을 그려요. 엉망이 되어보세요. 맨발로 바깥에 나가보세요. 당신이 가진 가장 밝은 색연필로 바깥 풍경을 스케치해보세요. 식사한 후에 싱크대로 곧바로 달려가지 말고, 조용히 사랑하는 사람의 손을 잡아봐요. 언제든지 놀러 오라는 친구의 초대를 받아들이고, 차나 와인을 들고 방문해 함께하는 시간을 가져보세요. 당신을 행복하게 해주는 영화를 보세요. 재미있는 소설책에 빠져보세요.

조금 덜 진지해지고, 지금 가진 것을 좀 더 즐기세요.

27

모든 것을 통제할 필요는 없어요

삶의 모든 것을 통제해야 한다는 생각을 내려놓으세요. 당신이 통제하든 아니든, 일어날 일들은 일어나게 마련이니까요. 다만 당신이 그 와중에도 얼마나 즐겁게 지낼지는 오로지 당신의 몫입니다.

28

선의를 가정하세요

사람들은 대부분 사려 깊고 진심 어린 친절한 마음씨를 가졌어요.

사람들이 항상 선하다고 생각하세요. 사람들이 기본적으로 좋은 의도를 가졌다고 가정할 때, 당신의 관점이 더 긍정적으로 바뀌는 걸 확인할 수 있을 거예요.

29

속도를 늦춰요

우리는 끊임없이 돌아가는 세상 속에 살고 있습니다. 그 때문에 너무 많은 것이 필요한 듯 느껴지지요. 그런데 고요함에는 더욱 강력한 힘이 깃들어 있습니다. 만약 당신이 속도를 조금 늦춘다면 무슨 일이 일어날까요? 주변 세상이 다르게 느껴질까요?

한번 시도해보세요. 속도를 늦춰보세요. 숨을 깊이 들이마시고, 창밖을 보세요. 당신의 내면을 들여다봐요. 숨을 내쉬세요. 되도록 자주 그렇게 하세요.

30

당신이 옳아요

당신의 편이 되어주는 가장 든든한 사람은 바로 당신입니다. 당신을 검증해야 하는 사람 역시 당신이고요. 당신은 충분히 강하고 좋은 사람입니다. 특히 지금 이 순간 더욱 그렇습니다.

당신이 선택한 일을 하세요. 사람들이 좋은 의도를 가지고 충고를 해준다고 해도, 당신에 대해 가장 잘 아는 사람은 당신입니다. 그러니 당신의 선택이 옳다는 것을 인정하고, 당신의 능력을 믿으세요. 당신에게 잘 맞는 행복을 찾으세요.

좋은 인상을 주려고 무척이나 애써야 하는 사람이라면, 당신을 위하는 사람이 아닐 가능성이 큽니다. 당신이 존중하고 관심을 쏟아야 하는 사람은, 당신을 있는 그대로 받아주고 조건 없이 당신을 사랑하는 사람이에요.

A Year of Positive Thinking

10월

OCTOBER

1

다시 정상으로 돌아올 거예요

힘든 시간이 찾아왔을 때, 삶이 다시 정상으로 돌아갈 거라고 자신에게 이야기해주세요. 그 정상이 예전과는 다른 '뉴노멀'이라고 해도 말이죠.

당신이 겪고 있는 일은 결국 지나갈 겁니다. 이 사실이 지금 일어나는 일을 가라앉혀주진 못하겠지만, 시간이 계속 흘러간다는 사실을 떠올리면 터널 끝에 있는 빛을 찾아볼 마음이 생길 거예요. 그리고 시간이 흐르면서 당신은 다시 괜찮아질 테고요.

2

별난 모습을 간직하세요

당신의 진정한 모습을 유지하기가 늘 쉽지만은 않습니다. 그 모습 그대로 살기 위해선 용기가 필요하죠. 하지만 그렇게 살 때 당신은 훨씬 더 큰 즐거움을 얻고, 진정으로 속한 곳이 어딘지를 찾게 될 겁니다.

3

아름다움을 찾아요

이 세상이 아름다운 곳이 되리라고 기대하세요. 작은 일부분에서 아름다움을 찾아요. 물론 커다란 전체에서도요.

4

태양은 늘 다시 떠올라요

비가 올 테고, 무지개도 뜰 겁니다. 아무리 폭풍이 몰아쳐도 당신은 헤쳐나갈 수 있습니다. 날씨가 아무리 험상궂게 보여도 태양은 언제나 다시 빛날 거예요.

5

힘을 얻는 연습

자기 자신의 힘을 깨닫고 주변에 어떤 영향을 미칠 수 있을지 알게 될 때, 우리는 더욱 큰 힘을 얻게 됩니다. 하지만 우리 안에 어떤 긍정성이 숨어 있는지, 또 그 가치가 얼마나 되는지를 알기는 어려울 수 있죠. 우리를 사랑하는 사람들은, 그런 특징을 우리보다 훨씬 더 분명히 알아볼 수 있습니다.

가족이나 가장 친한 친구 다섯 명에게 당신의 가장 긍정적인 특징 다섯 가지를 알려달라고 부탁해보세요. 그리고 그들이 보내준 답을 읽어보세요. 어떤 느낌인가요? 그들의 말을 믿나요? 왜 그렇죠? 아니라면, 왜 믿지 않죠? 그 사람들이 당신에게 갖는 생각을 알고 나니 어떤 기분이 드나요?

그들의 답과 당신 자신의 답을 판단하거나 평가하려 하지 마세요. 그저 어떤 느낌이 드는지에만 관심을 기울여봐요.

6

멋진 삶

멋진 삶은 그냥 생겨나는 것이 아닙니다. 그 삶이 당신을 선택한 것과 마찬가지로, 당신도 그 삶을 선택해야 하죠.

당신은 멋진 삶을 살겠다고 결심합니다. 매일 내리는 모든 결정을 통해서요.

당신은 사랑합니다. 당신은 꿈꿉니다. 당신은 실패합니다.

당신은 넘어집니다. 그리고 다시 일어서죠.

당신은 다시 시도합니다. 어쩌면 또다시 시도해야 할지도 모릅니다.

당신은 당당히 일어섭니다.

당신은 바뀝니다.

당신은 성장합니다.

당신은 새로운 것들을 만들어냅니다.

그 이유는, 당신이 의식적으로 멋진 삶을 살겠다고 선택했기 때문이죠. 그리고 멋진 삶이란 당신이 결정하는 겁니다.

7

과거의 무게

당신이 지금까지 겪은 모든 트라우마와 아름다움, 그 모든 것이 오늘의 당신을 만들었습니다. 당신이 허락하기만 한다면 당신의 과거는, 같은 경험을 한 다른 사람들에게 공감을 주고, 놀라운 가능성을 경험하게 해줄 겁니다. 과거는 당신을 치유하고, 더욱 힘 있는 미래를 준비해줄 거예요.

하지만 그건 당신이 과거로 하여금 그렇게 하도록 허락할 때만 가능한 일이죠. 과거의 무게가 얼마나 무거워질지, 아니면 가벼워질지는 당신의 의식적인 결정에 달렸습니다.

8

반이나 남은 물잔

하루를 살아가는 동안 세상을 긍정적으로 볼지, 부정적으로 볼지는 전적으로 당신에게 달렸습니다. 유리잔에 물이 반밖에 없다고 생각할지, 아니면 반이나 남았다고 생각할지와도 같죠. 당신은 어느 쪽을 선택할 건가요?

지난 48시간을 한번 돌아보세요. 당신은 반밖에 안 남은 물잔처럼 세상을 바라봤나요, 아니면 좀 더 긍정적으로 바라봤나요? 지난 경험이 오늘의 세상을 바라보는 데 어떤 교훈을 줄 수 있을까요?

9

여행자의 눈으로 바라봐요

주변의 모든 것을 마치 처음 보는 듯이 바라보세요.

흥분과 웃음, 기쁨 그리고 사랑. 모든 사소한 것에 스며든 아름다움, 각양각색의 색채들, 그리고 빛과 그늘의 역할. 멋들어진 도시의 경관과 시골의 풍경. 금이 간 보도블록과 나무들, 풀잎, 햇빛, 비….

이 모두가 기적일 수 있어요. 눈을 크게 뜨고 여행자의 관점으로 바라보면 모든 평범함이 특별하게 바뀝니다. 그리고 그 안에 어떤 어려움이 있어도, 삶은 무척이나 아름답다는 점을 당신에게 일깨워줄 거예요.

10

누구나 자신만의 짐이 있어요

당신이 겪는 어려움은 남들의 어려움과는 달라 보일 수 있습니다. 하지만 당신의 어려움이 특별히 더 힘들거나 더 쉽다고는 할 수 없어요. 만약 단 몇 분 동안만 다른 사람의 문제를 경험해본다면, 서둘러 다시 원래 당신의 문제를 떠안으려 할지도 모르죠.

우리는 모두 상실의 슬픔을 겪기도 할 것이고, 사랑의 흥분을 느끼기도 할 겁니다. 어디에도 소속되지 못한 쓸쓸함을 경험하기도 하고, 친구의 우정을 통한 치유를 경험하기도 할 거예요. 남들은 당신과는 다른 방식으로 이런 일들을 경험할지도 모릅니다. 하지만 그들의 경험이 당신의 경험보다 덜 현실적이거나, 더 강렬하지는 않아요.

당신의 문제를 다른 사람들의 문제와 비교하지 마세요. 왜냐하면, 누구나 안고 가야 하는 자신만의 무거운 짐이 있기 때문이죠.

11

진실을 공유하세요

당신의 마음 깊은 곳과 소통하세요. 당신의 진실을 함께 나누세요.

당신의 이야기는 소중합니다. 당신이 오랫동안 마음 깊은 곳에 묻어놓았던 꿈과 이야기, 그리고 단어들을 솔직하게 터놓으세요. 두려움 없이 함께 나눠요.

12

유머는 희망의 형태

세상은 거칠고 우리의 예상을 벗어날 수도 있죠. 하지만 그 무게 속에서도 유머를 발견할 수 있습니다. 비록 지금 일어나는 일을 바꾸지는 못한다 해도, 가벼움을 좇는 능력은 긍정적인 삶에 꼭 필요한 도구입니다.

유머를 좇는다는 건, 지금의 불행한 상황이 일어나지 않은 것처럼 생각하거나 부정하는 것과는 다릅니다. 사실은 그 반대죠. 유머가 있으려면 마음은 반드시 활짝 열려 있어야 하고, 영혼은 충만해야 합니다. 그리고 깊은 생각과 넓은 가능성을 갖고 세상을 바라볼 수 있어야 하죠. 유머란 한마디로, 희망의 한 형태인 겁니다.

13

모든 것이 충분해요

70억 인구가 사는 세상이지만, 모든 사람에게 충분한 것들이 있어요. 돈과 사랑, 기회와 가능성은 충분하죠. 존재하지 않는 건, 부족할 수도 없습니다. 이런 것들을 얻기 위한 기회가 꼭 평등하다고는 할 수 없지만, 당신이 원한다면 얻을 수 있는 가능성이 있다는 뜻입니다.

당신이 바라는 것, 예를 들어 사랑, 돈, 성공을 얻기 위해 반드시 다른 걸 희생하거나 포기해야 하는 건 아니에요. 모든 것이 모두에게 충분합니다. 당신은 당신이 원하는 걸 가질 수 있고, 남들도 그래요.

14

비교의 덫

비교는, 끝없이 부정적인 덫입니다. 그러니 당신을 남들과 비교하지 마세요. 당신이 갖지 못했다고 생각하는 그 모든 걸, 누군가는 당신보다도 더 적게 갖고 있어요. 당신이 가졌다고 생각하는 모든 것도, 누군가는 당신보다 훨씬 더 많이 갖고 있지요. 비교를 통해서는 절대 이길 수 없습니다.

당신을 다른 사람과 비교하는 대신, 그들로부터 영감을 얻으세요. 남들의 성공을 당신의 부족함을 더 키우는 데 사용하는 대신, 당신의 가능성에 불을 붙이는 데 사용해요.

15

행복할 권리

당신은 행복할 권리가 있어요. 그리고 당신의 행복은 성취, 돈, 물질적인 성공으로 얻어지지 않습니다. 행복은 내면으로부터 오는 것이죠. 바로 당신이 세상을 바라보는 렌즈를 통해서 말입니다.

당신이 매일 바라보는 세상을, 당신의 진실을 비추는 거울이라고 생각하는 것이 곧 행복이에요. 즉 행복은 관점입니다. 외적인 가치를 가진 물건을 소유하는 데서 오는 단순한 감정이 아니에요.

더 행복해지기 위한 첫 번째 단계는, 당신이 행복할 자격이 있는 사람이라는 점을 믿는 겁니다. 다음 문장의 빈칸을 지금 바로 채워보세요. 물질적인 성공은 제외하고요. '나는 ______ 덕분에 행복하다.' '나는 이 세상이 ______하게 될 거라고 기대한다.'

당신의 답이 내면의 진실과 일치하는지 확인해보세요.

16

자신을 먼저 사랑하세요

사람들을 진심으로 사랑하는 데 필요한 용기는, 먼저 당신을 사랑하는 데서 시작됩니다.

17

모든 순간을 위한 공간

실수를 하세요. 그것은 당신이 시도하고 있다는 뜻입니다. 눈을 크게 뜨고 단단히 걸음을 옮기세요. 뭔가에 걸리기도 하고, 넘어지기도 할 테지만, 다시 일어나세요. 울고 싶으면 울어요. 춤추고 싶으면 춤을 추고요. 웃으세요. 분노와 슬픔을 느끼고, 기쁨과 즐거움 또한 허락하세요.

삶은 엉망일 때도, 마법 같을 때도 있습니다. 삶의 균형을 잡으려 한다면, 두 순간 모두를 위한 공간을 마련해두는 걸 잊지 말아요.

18

더 밝게 빛나세요

빛나는 것을 절대 두려워하지 마세요. 태양은 빛을 내는 걸 두려워하지 않습니다. 그리고 날마다 더 밝게 떠오르죠.

당신도 태양처럼 빛난다면, 무슨 일이 일어날지 한번 상상해보세요.

19

당신이 속한 곳

당신은 자신이 속한 곳이 어딘지, 당신을 위해주는 사람들이 누군지 찾고 있을 수도 있습니다. 전에 한 번도 가져보지 못한 걸 원하고 있을지도 모르죠.

당신은 정확히 지금 있는 그 자리에 소속돼 있다는 걸 깨달아야 합니다. 지금 여기보다 당신에게 더 잘 맞는 곳은 없어요. 소속감이란, 당신 내면에서 비롯되는 거니까요. 그렇기에 어디에 있든, 당신은 그곳에 속한 사람입니다. 집에 있든, 어디를 가든, 그 장소에 당신보다 더 어울리는 사람은 없어요.

20

바꾸세요

당신이 가지고 있는 카드가 맘에 들지 않는다면, 새로운 카드를 사서 새 카드로 게임을 하세요.

21

당신의 꿈은 스스로 선택하세요

"그 누구도 당신의 꿈에
비를 뿌릴 권리는 없습니다."

— 매리언 라이트 에델만, 《성공의 척도 THE MEASURE OF OUR SUCCESS》

당신이 내디디려는 다음 걸음이 잘못되었다고 말하도록 누구에게도 허락하지 마세요. 누군가 당신이 불가능한 일을 꿈꾸고 있다고 말한다면, 그 말을 믿지 말아요. 당신이 꿈을 좇는 걸 누구도 멈추지 못하게 하세요.

어떤 꿈이 당신의 영혼에 어울리는지 결정할 수 있는 사람은 오직 당신뿐입니다.

22

기대하지 말아요

바라세요. 하지만 기대하지는 마세요. 당신이 기대한 대로 이루어지지 않으면 실망이라는 결과가 찾아오니까요.

당신의 기대가 어쩔 수 없이 당신을 실망으로 인도한다면, 관점을 바꿔보세요. 실망을 부정적인 경험이라고 인식하는 대신, 좀 더 나은 목표로 당신을 안내하는 나침반이라고 생각하면 어떨까요?

23

부정적인 감정은 떠나보내요

모든 무거운 짐이 그렇듯 부정적인 감정은 시간이 지날수록 점점 더 무거워지므로, 당신은 결국 그걸 떠나보내야만 합니다.

당신을 짓누르는 감정들로부터 자유로워지세요. 너무나 불편해 견디기 힘들다면, 설사 필요한 이유가 있었다 해도 이미 그 역할을 다한 겁니다. 그러니 이제 그걸 내려놓고, 홀가분하게 앞으로 나아가도 됩니다.

24

당신이 바꿀 수 있는 건 오직 당신뿐이에요

당신이 변화시킬 수 있는 유일한 사람이 오직 당신뿐이라는 사실에는 깊은 지혜가 담겨 있습니다. 만약 당신을 둘러싼 세상이 마음에 들지 않는다면, 당신 마음에 작은 변화를 일으키기 위해 뭘 할 수 있을지 생각해보세요.

예를 들어 당신이 읽는 책에 온통 부정적인 내용만 담겼다면, 다른 책을 읽으세요. 주변 사람들이 전부 행복해 보이지 않는다면, 당신이 먼저 행복한 사람이 되어보세요. 그러면 당신의 행복이 남에게도 옮아간다는 점을 발견하게 될 겁니다.

당신의 삶에서 행복하지 않은 부분은 어디인가요? 당신 주변에서 시도해볼 수 있는 크고 작은 변화에는 어떤 것이 있을까요?

25

본연의 모습

당신이 있는 그대로의 모습일 때, 주변 사람들 역시 있는 그대로의 모습일 수 있습니다. 자신과 다른 사람들을 위해 인정, 공감, 친절함으로 가득한 안전한 공간을 만드는 일은, 사람이 가진 귀하고도 놀라운 능력이죠.

자기 본연의 모습이 되세요. 그리고 다른 사람들도 그렇게 될 수 있도록 도우세요.

26

환경을 만들어요

당신은 넘어질 겁니다. 분명 그럴 거예요. 하지만 일어나세요. 매번 다시 일어나는 겁니다.

당신이 살고 싶은 삶에 맞는 환경을 찾으세요. 만약 그런 환경을 찾지 못했다면 당신이 만드세요. 당신의 꿈을 만들어나가는 일을, 당신보다 더 잘할 수 있는 사람은 없으니까요.

도전해보세요.

27

불가능은 없어요

당신이 남들에게서 어떤 이야기를 들었든, 당신이 손에 쥔 카드가 무엇이든 상관없이, 스스로 불가능하다고 말하기 전에는 모든 것이 가능합니다. 당신의 세계를 제한할 수 있는 건 오직, 단순한 그 한 마디입니다.

당신의 말과 생각이 곧 당신의 현실을 만들어요. 그러니 자신에게 일깨워주세요. 불가능하다고 말하기 전까지는, 어떤 일도 불가능하지 않다는 사실을 말이지요.

28

당신은 늘 준비돼 있어요

시작하세요. 당신이 이제껏 꿈꾸고, 생각하고, 계속해서 하고 싶었던 그 일을 하세요. 두려움이 아닌, 당신의 직관을 따르세요. 지금껏 원해왔던 그것을, 할 수 없다고 말하는 걸 멈추세요.

당신은 이미 준비돼 있습니다.

29

잠시 내버려 두세요

더 이상 앞으로 나아갈 수 없는 그런 순간에는, 굳이 애쓰지 마세요.

꼭 해야만 한다고 느껴졌던 그 일을 내려놓으세요. 잠시 동안 내버려 두는 거예요. 그 일이 무엇이든지, 아마도 오늘은 때가 아닌가 봐요. 그래도 세상은 무너지지 않을 것이고, 내일은 여전히 넓게 열린 기회가 찾아오는 새로운 날이 될 겁니다.

아직 그 일을 할 마음의 준비가 안 됐는데 그 일을 해야 한다고 강요하면, 자신을 더욱 작아지게 만들 뿐입니다. 걸어 나오세요. 손을 놓으세요. 그리고 준비가 됐을 때, 더 분명한 이해와 더 긍정적인 자세를 갖추고, 다시 그 일로 돌아가세요.

30

친절의 전염성

삶에서 베푸는 친절은, 힘든 이 세상에서 큰 용기를 내보이는 행동입니다. 아무도 보고 있지 않을 때 친절을 선택하세요. 모두가 보고 있을 때도 친절을 선택하세요. 당신의 친절은 우리 모두가 존중과 배려를 받을 자격이 있는 사람들이라는 점을 남들에게도 가르쳐줄 겁니다.

누군가가 친절하게 행동하면 주변에 있는 사람들 역시 이타적으로 변하죠. 바로 친절에 전염성이 있기 때문입니다. 당신의 친절한 행동은, 점점 퍼져나가는 희망의 신호입니다. 항상 친절함을 선택하세요.

31

자존감을 위한 주문

세상이 온통 당신의 적처럼 느껴질 때가 올 것입니다. 그럴 때는 자신에게 더 많은 친절과 사랑을 보여주세요. 당신이 진정 그럴 자격이 있는 사람이라는 것을 떠올려야 할 때마다 이 주문을 사용하세요. "나는 나 자신을 사랑하고 존중한다. 나는 남들로부터 사랑과 존중, 친절을 받을 자격이 있는 사람이다."

A Year of Positive Thinking

11월

NOVEMBER

1

한계를 정하지 말아요

당신이 가진 유일한 한계는, 당신 스스로가 정한 것뿐입니다.

2

관점을 바꿔요

도전은 늘 찾아올 테고, 힘든 시간도 마찬가집니다. 빛과 어둠, 둘 모두 인간적인 경험의 중요한 요소니까요. 하지만 힘든 시간은 지나가게 될 거라는 사실을 깨닫고, 극한의 상황에서도 삶은 아름답다는 점을 이해하게 될 때, 당신은 더 행복한 사람이 될 겁니다.

이 관점을 계속 키워나간다면, 당신은 힘든 상황 가운데서도 밝은 면을 찾을 수 있게 됩니다. 그리고 현재와 과거의 경험에 대해서도 더 긍정적인 감정을 갖게 될 거예요.

3

당신의 자격

당신은 존중과 친절, 사랑을 받을 자격이 있습니다. 당신은 투명인간이 아니에요. 당신은 소중한 사람입니다. 당신의 경험은 가치 있고 중요합니다. 당신은 존재해야 할 이유가 있고, 사랑받는 사람입니다.

4

필요한 일을 하세요

모든 일을 떠나보내야 할 때는 그냥 그렇게 하세요. 그렇게 하도록 자기 자신을 허락하세요. 실컷 울고 싶을 때는 우세요. 화가 난다면 화를 내세요. 춤을 추며 모든 것을 잊어버리고 싶다면 춤을 추세요. 울고 나면 기분이 달라질 수 있고, 그 감정을 충분히 느끼면 당신은 치유될 수 있습니다. 춤은 영혼을 새롭게 해주고요.

당신에게 필요한 일을 할 수 있는 은혜를 자신에게 허락하세요. 판단하거나 억누르지 말아요.

5

행복을 키워요

행복은 의식적인 선택입니다. 그 선택은 내면에 불을 밝히고 그 불을 더 욱더 타오르게 만드는 부채와도 같습니다. 행복은 남들에게서 얻을 수 있거나, 바깥에서 발견할 수 있는 게 아닙니다.

무엇이 당신을 행복하게 하나요? 무엇이 당신을 더 가볍게 만들어주나요? 어떤 일을 할 때 시간이 날아가는 듯 빨리 흐르나요?

그런 일을 더욱 자주 하세요. 당신의 영혼을 불붙게 하는 일을 찾아보세요. 매일의 일상 속에서 작은 부분들을 통해 행복을 가꾸세요. 행복한 삶은, 그 모든 작은 순간이 모여서 만들어지는 겁니다.

6

도움을 청하는 힘

우리 모두 때로는 도움이 필요합니다. 당신의 어깨 위에 세상의 무게를 다 짊어지고 가려고 애쓴다면 후회와 허무, 무기력증에 빠지고 말 거예요.

도움을 청하는 법을 배우세요. '세상에서 가장 독립적인 사람에게 주는 상' 같은 건 없습니다. 필요한 도움을 요청할 수 있다는 것은, 당신에게 힘이 있다는 신호입니다. 당신을 사랑하는 사람들에게 도움을 청함으로써 당신은 자신뿐만 아니라 그 사람들 역시 더 잘 돌볼 수 있게 됩니다. 남들이 당신에게 도움을 청한다면, 당신 역시 그들을 기꺼이 지지해줄 거잖아요. 자기 자신에게도 그렇게 하세요.

당신은 혼자가 아닙니다. 넓고 멋진 세상이 당신을 지지하면서, 가장 멋진 삶을 살 수 있도록 도와주길 기다리고 있어요.

7

요구하세요

당신이 요구하지 않은 것은 얻을 수 없습니다. 요구하면 얻을 수 있을지도 모르죠.

그러니 요구하세요. 그냥 요구하세요.

8

긍정적인 면에 집중해요

집중할 대상을 바꾸기로 마음먹는 건, 상황을 변화시키는 강력한 방법입니다. 긍정에 초점을 맞춘다는 말은 현실을 부정한다든가, 잘 안 풀리는 일을 피한다는 뜻이 아닙니다. 좀 더 단단한 기반 위에서 행동할 수 있다는 거죠. 덜 감정적인 곳에서, 충분한 정보를 가지고 결정을 내리기로 했다는 뜻입니다.

관점을 바꾸면 모든 게 바뀝니다. 어려움을 겪고 있다면 관점을 긍정적으로 바꿔봐요. 그런 다음 어떤 일이 일어나는지 살펴보세요.

9

언제나 괜찮을 거예요

괜찮다는 말은 삶이 항상 완벽하다거나 이전보다 나아졌다는 말이 아닙니다. 그저 다시 마음의 평정을 찾을 거라는 뜻이죠. 당신이 지금 겪고 있는 일이나 감정이 무엇이든, 그건 잠시뿐인 거니까요. 다른 모든 것처럼, 그것 또한 지나갈 겁니다.

당신의 기대와는 다른 결과나 나왔다거나, 전과는 모습이 달라졌다 하더라도, 당신은 항상 괜찮을 거라는 사실로부터 위로를 얻기 바랍니다.

10

완전해지기 위한 주문

"나는 부서지지 않았다. 이전에도 부서진 적은 없다. 나는 고쳐질 필요가 없다. 나는 가치 있는 사람이고, 지금 모습 그대로 완전한 사람이다."

11

부정적인 감정도 필요해요

기쁨과 긍정적인 사고는 좋은 인생을 살 수 있게 해주는 강력한 도구죠. 그런데 슬픔과 두려움도 마찬가집니다. 인간의 경험은 좋은 감정만 선택하는 것이 아니라 모든 감정을 다 필요로 합니다.

감정에는 치유의 힘이 있고, 감정의 깊은 핵심을 경험할 때 어려운 상황을 보란 듯이 헤쳐나갈 수 있게 됩니다. 긍정적으로 느껴지지 않는 감정일지라도 피하려고 하지 마세요. 할 수 있는 거라곤 가만히 앉아 인간의 모든 감정을 온전히 느끼는 것뿐인 그런 시간이 때론 찾아올 거예요. 그럴 땐, 그냥 그 감정을 충분히 느끼세요. 그 감정이 무엇이든 그대로 느끼는 겁니다. 결국은 기쁨과 행복이 다시 당신을 찾아올 거라는 사실을 기억하면서 말이지요.

12

감정은 생각의 결과예요

당신이 어떤 감정을 느끼는 이유는 그런 생각을 하기 때문입니다. 만약 당신이 느끼는 그 감정이 맘에 들지 않는다면, 생각을 바꾸세요.

생각은 스스로 통제할 수 있습니다. 만약 삶이 당신에게 최악의 것을 던져줬다 할지라도, 그로 인한 감정을 바꾸기 위해서는 어떤 관점을 가져야 할지를 생각해보세요.

13

평정심을 회복하세요

마음을 편하게 가지세요. 긴장을 푸세요. 깊이 숨을 내쉬세요. 당신 안에서 들려오는 소리를 받아들이세요. 당신을 잘 돌보세요.

그런 다음, 다시 시작하세요.

14

과거는 바뀌지 않아요

과거를 바꿀 수는 없습니다. 당신의 과거는 이미 지나갔습니다. 과거가 당신이 앞으로 나아가는 것을 가로막고, 그 자리에 묶어놓도록 허락하지 마세요.

과거는 그냥 뒤에 두세요. 앞날을 기대할 때 '희망'이 있고, 떠나보낼 때 '자유'가 있습니다. 당신은 두 가지 모두 가질 자격이 있어요.

15

미소의 힘

그런 기분이 아닐 때도, 미소를 지어보세요. 아주 작은 미소일지라도, 큰 효과가 있습니다.

'행복한 척'을 위해 미소 짓는 게 아녜요. 그저 힘겨운 시간에 자신에게 조그마한 은혜를 베푸는 거라고 생각하세요. 감정을 감추는 게 아니라, 당신이 지금 지고 가는 짐을 약간만 가볍게 하는 겁니다.

미소는 한순간의 안도감을 줍니다. 언제라도 자신에게 줄 수 있는 선물이에요.

16

자기 존중의 힘

"사람들의 기대로부터 자유로워지면,
자기 자신이 될 수 있다.
위대하고도 중요한 자기 존중의 힘이
거기에 있다."

— 존 디디온, 《베들레헴을 향해 웅크리다》

17

오래 미뤄둔 감사

친절한 당신에게 감사합니다. 배려하는 당신에게 감사합니다. 아무도 보고 있지 않을 때도 남들을 돌보는 당신에게 감사합니다. 공감해주는 당신에게 감사합니다. 진실한 당신에게 감사합니다. 자기 자신을 사랑하고 존중하는 당신에게 감사합니다.

당신의 지금 모습 그대로에 감사합니다.

18

당신만의 성공

다른 사람이 내린 '성공은 이런 것이다'라는 정의에 매이지 마세요. 당신만의 이야기를 만드세요. 당신만의 길을 만들어요. 성공이 무엇인지 다시 정의를 내리세요. 그리고 그것이 무엇이든, 당신의 생각이 당신을 위한 성공의 정의가 되게 하세요.

당신이 생각하는 성공은 어떤 모습인가요?

19

함께하는 사람이 당신을 만들어요

당신의 생각을 키워주고, 당신의 영혼에 불을 지피는 사람들과 함께하세요. 그들은 당신을 담대하게 만들고 앞으로 나아갈 수 있도록 영감을 줄 겁니다. 이 세상에 더 많았으면 하는 그런 사람들과 친밀한 관계를 맺으세요. 그들은 당신이 성장하는 데 도움을 줄 겁니다. 다른 사람들을 받아들이고, 진심으로 사랑하는 사람들과 함께 걸으세요. 그들은 조건 없는 사랑이 무엇인지, 당신에게 가르쳐줄 겁니다.

진정 친절한 사람들과 함께할 용기를 낸다면, 당신 역시 친절한 사람이라는 걸 보여줄 수 있어요.

20

시간의 딜레마

시간의 딜레마는, 우리가 실제로 가진 시간보다 더 많은 시간을 가졌다고 생각한다는 겁니다. 하지만 오늘, 바로 지금이라는 시간만이 우리에게 보장된 전부죠. 우리에게 주어진 시간은 한정돼 있습니다. 아무리 헤아려도 바뀌지 않는 사실이죠.

당신에게 남은 시간 동안, 당신은 무엇을 할 건가요?

21

용서하세요

용서는 당신이 겪은 경험을 바꾸려는 시도가 아니라, 자신을 향한 커다란 연민의 실천입니다. 용서하지 않으면 당신이 느끼지 않아도 될 슬픔과 마음의 고통이 생길 거예요. 당신은 용서할 때 치유되고, 치유될 때 앞으로 나아갈 수 있습니다.

그렇게 당신은 다시 시작하게 되지요.

22

생각을 바꾸는 연습

생각을 바꾸는 유일한 방법은, 기분을 안 좋게 만드는 생각이 들 때마다 의식적으로 그것을 멈추는 겁니다. 이 연습을 반복하다 보면 결국에는 당신의 생각이 변할 거예요.

물론 이건 연습이고, 시간이 걸리는 일입니다. 조급해하지 말아요.

23

당신이 만들어내는 현실

당신이 증오와 부정 그리고 슬픔에 집중한다면, 그것이 당신의 현실이 될 것입니다. 당신은 다른 사람들에게서 증오와 부정 그리고 슬픔을 기대하게 되고, 가는 곳마다 그것을 마주하게 될 테니까요. 당신의 뇌는 근본적으로 그것들을 무척 경계하게 될 겁니다. 당신이 기대하고 있는 게 바로 그것들이니까요.

반면에 당신이 공감과 친절 그리고 행복에 집중한다면 그것이 당신의 현실이 됩니다. 당신은 주변 사람들로부터 공감과 친절, 행복을 찾으며, 당신을 둘러싼 세상에서도 그것들을 발견하길 기대할 거예요.

당신이 집중하는 대상이 당신에게 더 많이 보이고, 당신이 무시하는 대상은 줄어들게 될 겁니다. 당신은 어떤 감정과 특징에 더 집중할 건가요? 또 어떻게 집중할 생각인가요? 더 구체적인 방법을 택할수록, 당신이 의식적으로 선택한 감정이 더욱 자라날 거예요.

24

가장 소중한 것을 추구하세요

일상의 외적인 일들이 당신을 꿈으로부터 멀어지게 하고, 다른 길로 빠지게 하기 쉽습니다. 하지만 집중하세요. 자신에게 가장 소중한 것이 무엇인지를 자주 떠올리고, 가차 없이 그것을 좇으세요.

삶을 방해하는 탓에 당신이 놓아버린 꿈은 무엇인가요? 다시 그에 대한 열정과 관심을 불태울 방법은 무엇일까요?

25

당신은 모두를 위한 존재가 아니에요

모든 사람과 잘 어울린다는 건 과대평가된 가치입니다.

당신은 모든 사람을 위해 존재하는 사람이 아닙니다. 어울리기 위해 너무 애쓰지 마세요.

26

행복에 필요한 마음가짐

행복해지려면 어떤 것을 있는 그대로 받아들이고, 실제보다 더 부족하다고 여기지 않겠다는 마음가짐이 필요합니다.

행복은 별도의 행복감을 느끼는 상태라기보다는, 건강, 평온함, 내적인 사랑을 지닌 상태를 말합니다. 당신 바깥에서 행복을 찾으려고 하지 마세요. 단지 한순간의 행복만을 찾게 될 테니까요.

무엇이 당신을 불행하게 만드나요? 무엇이 당신을 행복하게 만드나요? 이 질문을 자신에게 자주 던지겠다고 약속하세요.

27

믿음을 갖기 위한 주문

"나는 사랑받고 있다. 내가 무엇을 해야 할지 모를 때조차도 나는 지지와 보살핌을 받고 있다."

28

모든 것에 감사하세요

매일 크고 작은 모든 일에 감사하세요. 그건 당신이 부족하게 느끼는 모든 것에도 불구하고, 당신이 얼마나 많은 걸 가진 사람인지를 일깨우기 위한 연습입니다.

잠잘 수 있는 따뜻한 침대, 풀 냄새를 맡을 수 있는 자연, 깨끗한 물이 흘러나오는 수도꼭지, 하루를 함께 보낼 수 있는 사랑하는 사람, 세상을 바라볼 수 있는 눈, 매일 눈 뜰 수 있는 아침이 있다는 것에 감사하세요.

당신은 무엇에 고마움을 느끼나요? 감사할 것들의 목록을 적는다면, 당신의 생각이 어떻게 바뀔까요?

29

자기 자신을 믿어요

자기 자신을 믿는다면, 남들에게 당신이 얼마나 중요한 사람인지 굳이 설득할 필요가 없습니다.

30

삶의 모습을 결정하는 건 당신이에요

당신이 내리는 모든 결정으로, 당신은 어떤 삶을 살 것인지 선택하고 있습니다. 현명한 결정을 내릴 수 있도록 돕는 몇 가지 지침을 알려드릴게요.

좋은 사랑을 하세요.
자신의 꿈을 단단히 잡으세요.
실패하고, 넘어져도 다시 시도하세요. 어쩌면 한 번 더 그래야 할지도 모르지만, 결국 당신은 일어나게 될 거예요.
당당하게 서세요.
과감하게 시도하고 성장하세요.
새로운 것을 만들고 즐기세요.
웃으세요.
다시 넘어지고 또 넘어지세요.

이 지침을 참고해도, 참고하지 않아도 괜찮습니다. 다만 좋은 삶을 살기 위해 의식적으로 결정을 내리세요. 잘 산다는 것이 당신에게 그 어떤 의미라고 해도 말이지요.

A Year of Positive Thinking

12월

DECEMBER

1

자신을 사랑하는 연습

당신이 갖지 못한 모습을 불평하기보다는, 당신을 특별하게 만드는 것에 집중하면 어떨까요?

자신에 대해 너무나 맘에 드는 성격이나 신체적 특징 스물다섯 가지를 적어보세요. 판단이나 평가를 하지 말고, 필요한 만큼 충분한 시간을 들여 목록을 완성하세요. 다 적었다면, 한 번 더 그 목록을 읽어본 후 안전한 장소에 보관하세요. 6개월 뒤, 혹은 원한다면 그 이전에라도, 다시 그 목록을 찾아서 읽을 수 있도록 기록해놓으세요.

이 연습을 매해 생일 때마다 해보세요. 아니면 원하는 만큼 자주 해도 좋아요. 자신을 사랑하는 일에는 결코 지나침이 없습니다.

2

거절의 의미

거절은 단지 어느 한 사람의 의견일 뿐입니다. 거절이 그 이상의 의미를 갖도록 허락하지 마세요.

3

평정심을 위한 주문

"지금 상황은 일시적일 뿐이다. 아무것도 영원한 것은 없다. 내 문제도 그렇다."

4

마음이 이야기할 공간

어떤 해답을 찾아야 할 때, 침묵을 지키는 편이 질문이나 탐색, 조사보다도 더 강력할 수 있습니다.

마음을 차분히 가라앉히고, 끊임없이 움직여야 한다는 강박을 버리세요. 얼굴에 맞닿는 신선한 공기를 느끼며 홀로 산책하세요. 따뜻한 차를 앞에 두고 가만히 앉아 있어요. 생각이 맑아질 수 있는 시간을 가지세요.

침묵 안에는 공간이 있습니다. 당신의 마음이 이야기할 수 있는 공간을 허락할 때 비로소 속마음이 들려올 겁니다.

5

자신을 향한 연민

"만일 당신이 다른 사람들에게는
친절해지려고 애쓰면서
자신을 계속 판단하고 비난한다면,
당신은 인위적으로 경계선을 긋는 겁니다.
그리고 그 선은 분리와 고립을
느끼게 할 뿐입니다."

— 크리스틴 네프, 《러브 유어셀프》

자기 자신에게 연민을 느낄 수 없다면, 다른 사람들에게도 연민을 느끼지 못합니다.

당신은 자신에 대한 연민을 어떻게 보여주고 있나요?

6

수치심을 나누세요

당신은 여기 있을 자격이 있습니다. 당신은 필요한 사람입니다. 당신은 사랑받고 있습니다. 당신은 완전합니다.

수치심은 당신이 그것을 인정할 때만 당신에게 영향력을 미칠 수 있습니다. 당신이 부끄럽게 생각하는 그 일은, 끈기와 회복력 그리고 공감의 통로가 될 수도 있어요. 좋은 일과 나쁜 일, 그 모든 경험을 통해 오늘의 당신이 있는 거예요. 수치심을 누군가와 나누면, 수치심이 당신에게 끼쳤던 영향력은 사라져버립니다.

당신의 수치심을 신뢰하는 누군가와 나누고, 이해와 희망, 그리고 공감으로 바꿀 수 있나요? 수치심을 떠나보낼 수 있다는 기대를 가지고, 당신의 진실을 나누는 일을 시작해보면 어떨까요?

7

실수의 역할

자주 실수하세요. 그 실수를 통해 당신이 누군지 알게 될 것입니다. 어떤 일을 할 때 기꺼이 실수해보세요. 그러면 새로운 방법을 배우게 될 겁니다. 실수는 당신을 자라나게 하고 회복력을 안겨줍니다. 실수는 당신을 더 나은 사람으로 만들어 더 강하고 지혜로운 사람이 되게 해주죠.

관점을 가지고, 당신에게 이 질문을 해보세요. "이 일이 잘 안 되면, 피해를 입는 사람이 있을까?" 만약 이 질문에 대한 답이 "아니요"라면, 잘못하게 되더라도 기꺼이 당신이 하고 싶은 일을 시도해보세요.

실수를 두려워하지 않을 때 당신은 모험을 할 수 있고, 돈으로 환산할 수 없는 교훈을 배울 수 있을 겁니다. 시도하고, 실패하고, 먼지를 털어낸 후 계속 나아가세요.

8

당신의 직관을 믿어요

사람들의 조언을 들으세요. 하지만 동시에 당신을 믿으세요. 당신의 직관력은 당신 내면에 있는 나침반이며, 늘 올바른 방향을 가리킬 것입니다.

남들이 동의하지 않더라도, 당신의 마음이 원하는 바를 살펴보고 그대로 따르세요. 당신의 본능은 대부분 정확할 테니까요.

9

축복하세요

삶은 짧습니다. 모든 것을 축하하세요.

작은 일도 큰 일도 모두 중요합니다. 모든 것을 축복하세요.

자주 그렇게 하세요.

10

당신을 있는 그대로 받아들여요

당신의 어둠을 받아들이는 건 당신의 빛을 받아들이는 것만큼이나 중요합니다. 당신에게는 행복과 분노, 기쁨과 슬픔, 완전함과 불완전함, 두 가지 모습이 모두 있기 때문이죠. 당신을 판단하거나 조건을 붙이지 않고, 있는 그대로 받아들인다는 것은 당신이 경험할 수 있는 가장 참된 모습의 사랑일 수 있습니다.

거울을 볼 때 당신은 어떤 생각을 하나요? 당신이 인식하는 자신의 불완전함에 대해 당신은 어떻게 반응하나요? 있는 그대로의 모습을 받아들이나요, 아니면 조건을 붙이나요? "몸무게가 3kg만 더 빠진다면…", 혹은 "내 모습에서 이 한 가지만 바뀐다면…" 같은 조건들 말이에요. 당신이 스스로에게 어떤 기대를 거는지, 그 때문에 어떤 느낌이 드는지를 확인해 보세요.

11

행복을 위한 주문

행복은 선택입니다. 하지만 삶이 방해받으면 이 사실을 잊어버리기 쉽죠.

필요할 때마다 이 단순한 말을 자주 반복하세요. "힘들어도 내 인생은 너무나 달콤하다. 나는 행복하기로 선택하겠다."

12

혼자만의 시간을 만끽해요

새들의 지저귐에 더 많은 관심을 기울이세요. 자신을 다그치지 말고 간식 상자에서 마시멜로를 꺼내 드세요. 폭풍우가 끝난 뒤에는 무지개를 찾은 다음, 가족에게 보여줄 사진을 찍으세요. 무더운 여름날 시원한 바람을 느끼면 고맙다고 말해보세요. 오후에 와인 한잔을 즐겨요.

삶 속에서 혼자만의 시간을 온전히 음미하세요. 그게 당신이 가진 전부입니다.

13

자신을 편안히 대하세요

당신은 사람입니다. 자신을 좀 더 편안히 대하세요.

당신은 할 수 있는 최선을 다하고 있습니다. 가끔은 좀 쉬어보세요.

깊게 숨을 들이마신 후, 모든 일에 대해 자신을 용서하세요.

14

삶을 있는 그대로 받아들여요

삶은 엉망이 될 수도 있고, 예기치 못한 일, 복잡한 일이 일어나기도 합니다. 하지만 동시에 삶에는 마법처럼 굉장한 아름다움이 가득하죠. 당신은 이 서로 다른 진실에 맞서 싸울 수도 있고, 아니면 그 사실과 함께할 수도 있습니다. 선택은 당신의 몫입니다.

삶을 있는 그대로 받아들일 때, 당신은 부러지는 대신 휘어지는 자유를 얻을 수 있습니다. 삶이 당신에게 어떤 메시지를 보내든 상관없이 말이에요.

15

그냥 존재하세요

아무것도 하고 싶지 않은 날이 있을 겁니다. 그럴 때는 자신에게 '아무것도 하지 않기'를 허락하세요.

어떤 날에는 그냥 '존재하는 것'만이 당신이 유일하게 해야 하는 일입니다.

16

원하는 삶을 누리세요

남들이 뭐라고 생각한대도 당신이 좋아하는 그 일을 하세요. 당신을 자랑스럽게 만드는 삶을 사세요. 좋은 친구들과 함께하세요. 창의력을 위한 공간을 만드세요. 좋은 커피나 차를 마셔요. 마음으로 웃으세요. 다른 사람들로부터 배우세요. 멋지게 사랑하세요. 좋은 꿈을 꿔요.

그리고 이것들을 반복하세요.

17

할 수 있어요

당신이 할 수 있을지 모르겠다고요? 그 질문에 대한 정답은 '할 수 있다'입니다. 당신이 하지 못할 이유는 없습니다. 당신은 무조건 그렇게 할 수 있어요. 당신은 할 수 있고, 또 해야 합니다. 계속 실천하세요

자신의 능력에 의문이 들 때마다 이것을 기억하세요. 정답은 언제나 '할 수 있다'라는 것을요.

18

내면의 비평가

당신이 내리는 모든 결정에 의문을 제기하는 목소리는, 바로 당신 안에 있는 비평가가 내는 목소리입니다. 이 비평가는 당신을 괴롭히려 들지만, 어떻게 대응할지는 당신이 결정할 수 있지요.

먼저 내면의 비평가가 당신의 생각과 아이디어를 닫아버릴 때, 이 점을 주목해보세요. 내면의 비평가가 뭐라고 했나요? 가혹한 말이 들려올 때 당신의 몸에 어떤 반응이 느껴지나요?

자, 이제 내면의 비평가가 당신에게 한 말과 정반대되는 이야기를 자신에게 들려주세요. 설령 그렇게 되리라고 아직 믿지 않는다고 해도 좋습니다. 이를테면, 내면의 비평가가 "그 일을 하기에 너는 아직 경험이 충분치 않아"라고 했다면 자신에게 이렇게 말해보세요. "나는 시작할 수 있을 만큼 경험이 충분해." 결국 당신은 내면의 비평가가 한 말 대신, 당신이 자신에게 한 말을 믿게 될 겁니다.

이 연습에는 시간이 걸립니다. 인내심을 가지고 내면의 비평가가 내놓는 부정적인 메시지에 대응하는 법을 익히세요.

또는 내면의 비평가가 당신에게 던지는 부정적인 메시지의 목록을 작성해도 좋습니다. 그런 다음 당신이 사랑하는 사람이 스스로에게 그런 부정적인 말을 한다면, 당신은 그 사람에게 뭐라고 말해줄지를 적어보세요. 그리고 그 긍정의 말들을 그대로 자신에게 들려줘요.

19

타인에게서 당신의 모습을 보게 될 거예요

당신이 세상에 내보낸 그것을, 당신은 다른 사람들에게서 보게 됩니다.

참된 자신이 되기 힘들 만큼 약해졌을 때, 당신은 타인에게서 진실함을 찾게 되죠.

당신이 지치고 냉소적일 때, 당신은 다른 사람에게서도 역시나 지치고 냉소적인 모습을 보게 됩니다. 그러면 세상은 불신으로 가득한 공간으로 바뀌고요.

매일 당신이 의식적으로 어떤 사람이 될 것인지 선택하는 과정에서, 그 선택은 당신이 만나는 사람들과 시간을 보내는 방법을 통해 다시 반사되어 당신에게 되돌아옵니다.

당신은 사랑을 보낸 후 되돌아오는 사랑을 맞이하고 싶은가요, 아니면 냉소를 보내고 되돌아오는 냉소를 마주하길 바라나요? 어떤 사람이 되길 선택할 건가요?

20

불완전함 속의 아름다움

불완전함은 당신이 가진 아름다움의 근원입니다. 당신을 있는 모습 그대로 사랑하세요. 그럴 때 남들도 당신을 그렇게 사랑할 것입니다.

21

부딪히세요

삶에는 어둠과 빛 두 가지가 다 존재합니다. 어떤 날은 아예 없어져 버렸으면 좋겠다는 생각이 들지만, 또 어떤 날은 너무나 완벽해서 당신을 놀라움으로 가득 채우기도 하지요.

힘든 시간을 견뎌내는 유일한 방법은 그 시간과 부딪히는 겁니다. 그리고 멋진 날을 즐기는 유일한 방법 또한 그 시간과 함께 날아오르는 것이죠.

부딪히고 일어서는 것, 이것이 바로 삶입니다. 부딪힐 때 우리는 버텨내는 힘을 배웁니다. 그리고 일어설 때 성장하는 법을 배우죠.

22

타인을 위하세요

사람들이 더욱 밝게 빛날 수 있도록 힘을 주세요. 친절을 보여주세요. 특히 가장 힘든 순간에 그렇게 하세요. 사람들이 지닌 품격을 믿으세요. 연민을 가져요. 공감을 보여주세요. 다른 사람들을 용서하세요.

이런 일들이 늘 쉽지만은 않습니다. 하지만 이런 겸손한 행동들을 실천할 때 당신은 다른 사람 안의 가능성을 일깨우고, 신성한 변화를 일으키도록 도울 수 있습니다.

23

당신의 진정한 모습

다른 사람들이 “이런 사람이 돼야 해”라고 말하는 그 사람이 되기 전, 당신은 어떤 사람이었나요?

당신은 어디에 갔었나요?
당신은 어떤 모습이었나요?
당신은 무엇을 즐겼었나요?

진정한 자신의 목소리를 믿고 귀 기울였던 그때, 당신은 어떤 사람이었나요?

24

당신은 마법 같은 사람이에요

남들은 동의하지 않더라도, 당신의 의견을 당당히 얘기하세요.

당신의 모든 영광이 완전히 무너진 가운데서도, 자신의 모습을 있는 그대로 받아들여요.

다른 사람들에게 그러는 것처럼, 자신에게도 연민을 가지세요.

남들은 그러지 않더라도, 당신의 모습을 드러내세요.

당신을 무시하는 사람들 앞에서도 용감하게 굴어요.

다른 사람들을 지지해주고, 힘을 주세요.

당신은 지금 있어야 할 그 자리에 정확하게 있다는 걸 알고, 자신을 신뢰하세요. 비록 지금 당신의 자리가 그다지 만족스럽지 않더라도 말이에요.

기꺼이 틀려도 보고, 다른 사람들의 의견도 들어보세요.

그리고 마지막으로, 당신이 잃는 모든 것으로부터 얻는 게 있다는 점을 이해하세요.

그러니 당신 앞에 존재하는 아름다움을 위해, 흔들리지 말고 굳건히 서세요.

당신은 마법 같은 사람입니다. 당신은 그 사실을 알아야 할 의무를 지고 있어요.

25

두려워해도 괜찮아요

겁이 없다는 것, 두려움이 없다는 것은 과대평가되었습니다.

두려움은 안내자입니다. 두려움에 익숙해지세요. 당신에게 여러 가지를 가르쳐줄 겁니다.

불편함을 편안히 받아들여요. 호기심을 갖고 두려움 앞에서 당신이 약해지도록 허락하세요. 두려움을 당신이 위대함에 굴복할 줄 안다는 의미로 여겨요. 그 앞에서 그저 도망가지 말고요.

두려움이 없는 상태를 좇지 마세요. 만약 그래야 한다면 영원히 두려움이 없는 곳만 찾아다녀야 할 겁니다. 그럼 이 멋진 행성에서 당신이 할 수 있는 훌륭한 일들을 결코 하지 못하게 될 테고요.

26

우정의 힘

당신의 친구들과 가까이하세요. 당신 인생의 기억을 공유하는 사람들이 잖아요.

그들은 당신의 빛이고, 행복입니다. 주변 세상이 너무 어둡거나 밝을 때 당신의 눈이 되어주지요. 당신이 서 있기 힘들 때 일으켜줄 테고, 당신의 속도가 너무 빠를 때도 곁에서 함께 달려줄 거예요. 가끔은 미칠 듯한 이 세상에서 나침반과 등대가 되어, 당신에게 길을 보여주고 진실을 말해줄 겁니다.

27

친절을 베풀 이유

세상은 힘들고, 우리는 모두 보기보다 더 여립니다. 마땅히 그래야 한다고 생각하는 수준보다, 좀 더 친절한 사람이 되세요.

28

바꿀 수 없는 건 받아들여요

사랑의 핵심은, 있는 그대로의 모습을 순수하게 받아주는 겁니다. 누군가를 바꾸려고 하지 않고, 있는 그대로의 모습을 지켜보면서 참아주는 게 지혜로운 선택이죠.

당신이 아무리 원해도 변하지 않는 걸 바꿀 수는 없잖아요. 그러니 바꿀 수 없는 순간을 받아들이는 건, 당신이 자신에게 줄 수 있는 가장 큰 선물입니다.

29

고맙다고 말하세요

변하지 않는 것에 대해 화내는 대신 고맙다고 말하세요. 네, "고마워"라고요.

"견딜 수 있을 만큼의 시련을 줘서 고맙습니다."

"귀중한 교훈을 얻을 수 있는 경험을 하게 해줘서 고맙습니다."

"성장할 수 있는 기회를 줘서 고맙습니다."

달리 생각하는 것만으로 당신의 경험이 어떻게 바뀌는지를 확인해보세요.

30

그냥 시작해요

지나치게 생각하지 마세요. 큰 도약이든 작은 한 걸음이든, 당신을 행복하게 하고 당신을 올바른 방향으로 향하게 한다면, 그 일을 하세요.

31

앞으로의 삶을 결정하세요

당신에게 도움이 되지 않는 것들은 우아하게 떠나보내고, 아직 오지 않은 가능성에 문을 열어두세요.

앞으로 나아가면서 과거를 돌아보세요. 작년에 당신은 뭘 했죠? 무엇을 배웠나요? 내년에는 어떻게 더 좋은 사람이 될 건가요?

다음 해에 당신이 걸어가고자 하는 길을 나타내는 단어 세 가지를 골라보세요.

브레네 브라운, 《진정한 나로 살아갈 용기》

줄리아 카메론, 《아티스트 웨이》

페마 초드론, 《모든 것이 산산이 무너질 때》

웨인 다이어, 《의도의 힘》

바바라 프레드릭슨, 《긍정의 발견》

존 카밧진, 《존 카밧진의 마음챙김 명상》

스티븐 프레스필드, 《최고의 나를 꺼내라!》

샤론 샐즈버그, 《친절의 힘THE FORCE OF KINDNESS》

마틴 셀리그만, 《플로리시》

내 마음에 긍정 한 스푼

하루하루 켜켜이 쌓아가는 지혜와 기쁨, 용기와 감사

초판 발행 2020년 12월 25일

지 은 이 신디 스피겔
옮 긴 이 우미정
책임편집 박우주
펴 낸 이 서재필

출판신고 2018년 1월 11일 제395-2018-000009호
주 소 서울시 마포구 월드컵북로 400 (상암동) 5층 7호

이 메 일 mindbuilders@naver.com
블 로 그 blog.naver.com/mindbuilders
페이스북 www.facebook.com/mindbuildings

ISBN 979-11-90015-29-5 (03190)

이 도서의 국립중앙도서관 출판예정도서목록(CIP)은 서지정보유통지원시스템 홈페이지(http://seoji.nl.go.kr)와 국가자료공동목록시스템(http://www.nl.go.kr/kolisnet)에서 이용하실 수 있습니다.
(CIP제어번호: CIP2020050583)

• 책값은 뒤표지에 있습니다.
• 잘못된 책은 구입하신 곳에서 바꿔드립니다.

마인드빌딩에서는 여러분의 투고 원고를 기다리고 있습니다. 출판하고 싶은 원고가 있는 분은 mindbuilders@naver.com으로 기획 의도와 간단한 개요를 연락처와 함께 보내주시기 바랍니다.